JN011931

# やわらかな知性

## 認知科学が挑む落語の神秘

野村亮太

dZERO

# まえがき

私は研究者をしています。

いまから十年ほど前、認知科学を引っさげて落語研究に飛び込みました。それ以来、実験をしたり、文献を調べたりしながら、「落語の本質は何か」を問い続けています。

落語は、噺家《はなしか》と観客のあいだのコミュニケーションや観客の集団としての振る舞いなど、多種多様な要素が絡み合ってできあがっています。そのうち一つでも研究を通して明らかになると、落語とはこういうものだ、と少しだけ疑問が解消されます。しかしそれもつかの間、一つのことがわかると、それを契機にして、ぞろりぞろりと新たな疑問が湧《わ》いてきます。

そんなありさまですから、落語って何だろう、という問いに終止符が打たれるということはなく、研究者としての私はいまも、落語って何だろう、と問い続けています。

私の研究者としての関心はとくに、「噺家がどのようにうまくなっていくのか」というところにあります。

人間が物事を習得し、うまくなっていくことは、専門用語では「熟達化」と呼ばれます。熟達化研究は、世界ではかなりの研究人口があり、世界中の研究者が、スポーツ選手や芸術家の熟達化に関する研究に熱心に取り組んでいます。

これだけ多くの研究者を熟達化研究へと駆り立てるのは、人間が備えた知性が露わになる数多くの事例の中でも、熟達化はとくに創造性に彩られた現象だからです。経験を通してエキスパートにまでなるということは、他の種には見られない、人間固有の学びです。したがって、熟達を追究することは、同時に「人間とは何か」という問いかけへの答えを探すことにもなるのです。

私が噺家の熟達化を研究するときにも、それは人間の知性がどのように発揮されるのか、その本質に迫るものだと考えています。これまで、噺家の熟達化研究は、興味深い知見をもたらしてきました。しかし、こうした研究を意義あるものにするためには、そら恐ろしさを感じるほどの難しさがあります。

たとえば、熟達化を語るには、そもそも「落語のうまさ」とは何かを定義する必要があります。多くの噺家が創作してきた落語には、笑わせる噺、泣かせる噺、聴かせる噺など、さまざまなジャンルがあります。ですから、何が「噺家のうまさ」なのかを決めることは容易ではありません。

容易でないというのは、大きな挑戦であると言い換えることもできます。認知科学から眺めると、落語には客の楽しみ方を担保する、いくつもの工夫があることが見えてきます。

一つ簡単な例として、「与太郎《よたろう》」や「八五郎《はちごろう》」といった登場人物の名前が挙げられます。落語に出てくるこうした人物の名前は、いわゆる固有名詞ではありません。職業や年齢をゆるやかに指し示すものです。

与太郎や八五郎という名はむしろ没個性的で、登場人物の典型的な行動を聴き手に予期させる働きがあります。要するに、与太郎や八五郎という名は、人の行動傾向をざっくりと指し示すラベルであり、心理学でいう「ステレオタイプ」を喚起します。

これは何気ない工夫にすぎませんが、落語では人の行動傾向を示すラベルによって、「個々が識別されない市井の人」が活躍することができます。別の表現をすれば、与太郎や八五郎という名によって、現代社会の人間関係や肩書がざっくり捨象《しゃしょう》され、この世界で繰り広げられる出来事のおもしろおかしさが純粋に伝わる仕掛けになっています。それゆえ私たちは、落語を聴く際には、知らず知らずのうちに植え付けられている固定観念から離れることができます。

だからでしょうか、噺の内容が心に響いてきます。落語を聴いていると、現実の生活よりも純粋に、人の情を感じることができます。

こんなふうに、落語に関して私が考えていることを話すと、「おもしろいね」と興味を持ってくださる方がいるというのは、前々から気にはなっていました。その視点は持ったことがなかったと、口々におっしゃってくださるのです。

そんなものかなあと思っていましたが、よくよく考えてみると、それもそのはず、これまで認知科学的な発想で落語を視《み》た人は一人もいませんでした。だから、考えていることを素直に書けば、それが日本で初めての本になるはずです。そう考えて、いまこの本を書いています。

実際、本書は認知科学から視た落語の魅力に迫った最初の本です。

落語研究を通して湧き出てきたアイディアに加えて、実際に噺家とお客様をお呼びして、実験を行ってみてわかったことをまとめています。そして、噺のおもしろさを生み出す構造や噺家と客のコミュニケーションの多層性について触れます。

本書は落語を知る人だけでなく、人間の知性に関心を持っている方たちが楽しめる内容にしようと努めました。さらに、落語の「オチ」や「マクラ」の関係論的な定義や噺家の熟達化過程の研究は、落語について一家言をお持ちの方にも新たな視点を提供できるかもしれません。

本書を刊行するこの時期に、うれしい出来事がありました。二〇二〇年四月一日、早稲田大学人間科学学術院に、劇場認知科学ゼミが創立されたのです。同日、准教授を拝命した私が、初代の劇場認知科学ゼミの主宰となりました。劇場認知科学（Cognitive Science of Theatre）を冠した研究室は、世界でも類を見ません。

早稲田大学は以前から舞台表現、とくに演劇や戯曲の研究が盛んな大学です。その大学でこのような希望にあふれた研究室が持てたことは、それ自体が本当にありがたいことです。いただいた機会を大切にして日本で劇場認知科学を確立し、将来的には世界へと発信していく、その長い旅路の一里塚が本書です。

そんなふうに、気負っているのは著者ばかり。

みなさま、どうぞお気軽にお楽しみください。

# 目次

## 第一章　巧妙な「状況モデル」と微細構造

## 第四章　「落語学」という企て

## 終　章　落語は誰がどのように研究してきたか

# やわらかな知性　認知科学が挑む落語の神秘

＊本文中に付した（1）（2）……は脚注番号です。脚注は同ページもしくは次ページに示しました。
＊本文中に付した［参1］［参2］……は、対応する参考文献の番号です。参考文献は巻末に収載しました。

# 序章　認知科学はいかにして落語を捉えるか

## 落語の実証的研究

落語はあまり実証研究が進んでおらず、その研究には試行錯誤と試練がつきものです。しかし私は、まったく手立てがないとは考えていません。なぜなら、私たちは、認知科学という解明のとっかかりを持っているからです。

認知科学では、「連想する」「思い出す」といった頭の働きを、十把一絡《じっぱひとから》げに「認知」と呼びます。認知科学という名称も、この意味での認知を冠したものです。

これまで認知科学では、熟達者や熟達化過程について実証研究[参1、2]が進められてきました。世界一流のアスリートがどのようにパフォーマンスを高めていくのか。聴衆を魅了する演奏家がいかにしてうまくなってきたのか。

こうした誰もが知りたいと思ううまさの秘密が次第にわかってきました。ですから、認知科学の着眼点や手法をうまく取り入れることができれば、落語も実証的に研究できるに違いないと、私は考えています。

認知科学は、知性の起源やメカニズムをさまざまな視点で解明しようとする分野です。このため認知科学は硬直した一枚岩ではなく、心理学や脳科学、哲学などが流動的にそして多層的に関与しています。そういう背景がある認知科学では多くのアプローチが許容されています。

その一つが、システム論的アプローチです。ここで言うシステム論とは、複数の構成要素が相互に影響を与えて、一つの相互依存的なシステムを形成していると捉《とら》える発想です[参3]。これは、全体を部分ごとに切り分けて考える還元主義的アプローチの対極に位置します。

後に見ていくように、落語は噺家《はなしか》と客の双方向のやりとりでできています。これは、噺家の影響で客が動き、噺家はその客の反応を見て演じ方を変えるということです。

双方向のやりとりがあるにもかかわらず、噺家なら噺家だけを取り出すというのは演者と観客たちの相互依存的な関係のうち、その一部分を切り出して、この部分のみを検証する還元主義的なアプローチで研究することを意味します。このアプローチは、他の要素からの影響を排除して細部まで検討できる点では有利なのですが、こうした切り分けられた部分を足し合わせることではシステム全体の特性が説明できるとは限りません。

落語の生き生きとした特性（生々しさ）は、演者だけでなく、かと言って客だけでもなく、両者の相互依存的な関係に特徴づけられます。

昆虫を捕まえてきて実験室で観察しても、それだけでは生態系についてはちっともわからないのと同じように、噺家一人だけを観察しても、客との関《かか》わり合いを通して創出される落語のことはわかりません。言葉を濁《にご》さずに言えば、心理学で伝統的に行われているような、一人の人間だけに焦点を合わせるやり方では、落語をうまく捉えることはできないのです。

システム論的アプローチを許容する認知科学の懐の深さは、落語の研究にうってつけです。

私は大学時代、落語研究会に所属し、落語の魅力に取りつかれました。なぜ落語はこんなにも「おもしろおかしい」のか。認知科学を志してからもこの問いに対する答えを見つけようと、研究を続けてきました。

本書では、認知科学で捉えたことで見えてきた「落語のおもしろおかしさ」の仕組みをご紹介し、落語における興味深い現象を「学問的なおもしろさ」という観点から述べていきます。

## エージェントが持つ知性を探求

認知科学とは、一言で言えば知性について研究する学問です。

ここでいう知性とは、ヒトの賢さのことだけではありません。ヒト以外の動物[参4、5]に加えて、コンピューターやロボットなどが有する知性も含まれています。つまり、認知科学では、この幅広い意味での知的な存在すべてが研究対象です。これら知的な存在を総称してエージェントと呼びます。

認知科学では、エージェントの知性がいかに作られるかを解明することが研究テーマになります。たとえばヒトは、大人になれば想像力を働かせて、ほかの人がどんなふうに考えているかを理解したり、物語の主人公の気持ちを推察したりができるようになります。こうしたヒトの認知発達過程を明らかにすることは、知性の起源を探求する学問である認知科学の研究テーマの一つです。

また認知科学は、知的な存在の内部でどんな情報処理[参6、7]が行われているのかを追究するところに学問としての特徴があります。かつて心理学では、外部の光や音の刺激と行動の結びつきだけに着目していました。パブロフの犬がベルの音を聞いただけでよだれを垂らすようになった例で知られるあの結びつきです。

認知科学は、こうした刺激と行動の結びつきを強調する行動主義へのアンチ・テーゼとして提唱されました。その歴史から、現在でも個体の内部に情報処理モデルを想定し、処理過程について調べるということを、学問的アイデンティティとしています。

ただし、この説明から認知科学が内側の世界だけに着目していると考えるのは早計です。

多くの認知科学者は、知的な存在が行っている情報処理が個体の内部に閉じているとは考えていません。むしろ、ヒトやロボットなどのエージェントが、他者や物理的環境といかに関わるかを重視しています。このため、知的エージェントが環境との関わりの中でどんなふうに知性を発揮しているか、そして、関わりを通してエージェント自体がどう変化していくのか（学んでいくのか）ということもまた重要な研究テーマです。

## 文系のアプローチと理系のアプローチ

本書が扱う落語で言えば、噺家が落語の実演を通してどうやって熟達していくかということが認知科学の研究テーマになります。とくに、周囲の環境との関わりを重視するわけですから、観客の反応から自分の表現について省察《せいさつ》したり、師匠からの言葉の意味[参8]を考えたりするという側面を見逃さずに調べようとします。

認知科学では、こうした側面を明らかにするとき、一つの手法だけにとらわれるのではなく、多種多様な手法が用いられます。たとえば、他者との関わりを調べることが必要なら、知性が発揮される現場へと研究者が赴き、振る舞いを観察することもあります。また、情報処理の速度や正確さを厳密に検証したいと思えば、たとえば反応時間を測る実験を行う場合もあります。

いずれにしても、認知科学では、研究者の関心により手法が決定されるので、その手法は特定のものに限定されず、それぞれ異なるアプローチを採用してもよいのです。

多彩なアプローチがあることに目を奪われてしまうと、各研究者があたかもまったく別の仕事をしているように思いがちです。しかし、エージェントの知性の働きについて調べている限りは、すべて認知科学の研究なのです。この意味で認知科学は、文系か理系かといった既存の枠組みは問題になりません。認知科学は文系のアプローチと理系のアプローチを併せ持つ、文理融合の研究分野と言えます。

私自身は、認知科学の立場から落語を研究するとき、できるだけ実験という手法を選んで研究を進めてきました。客観的な事実を得ることで、数十年先にも同じ観点から議論をするためです。

落語を含めて、人間が表現することで生まれる芸術は、演者の知性が発揮される場面であり、当然ながら認知科学の研究対象と言えます。しかし、伝統的に、表現については哲学、なかでも美学の分野で研究されてきました。この影響を受けて、認知科学というよりも人文科学の分野で研究されてきました。

## 演者の知性と観客の知性

私は、こうした研究対象と研究手法を前提にはせず、客観的な事実として生じることに着目しました。それが実験を選んだ理由です。加えて、私の研究の独自な点は、落語を演者の知性だけではなく、観客の知性も存分に発揮される場として捉えているところにあります。

噺家は噺家で情報処理をしていますし、客は客で銘々が情報処理をしています。しかも噺家の口演を聴いて客が笑い、客の様子を捉えて噺家が演じ方を変えるというように、情報処理は絡み合っています。したがって、認知科学から視《み》れば、演者と観客がそれぞれに個体内に閉じてはおらず、その環境から積極的に情報を取り入れ、一方で環境を作り変えるという、環境に開かれた情報処理を行っている場として落語を捉えます。

こうした観点から、「演者—観客群」を一つのまとまり（分析単位）として扱う手法を模索してきました。その一つの形として、演者と観客の関係性に着目した実験を生むことになりました。それが、両者の協調関係を調べる実験です。

具体的にどんな実験を行ったかについては、本書の後半で改めて述べることにしましょう。

# 第一章　巧妙な「状況モデル」と微細構造

## 状況モデルとしての「噺の筋」

私たちはまだ、落語を認知科学で視《み》る際の視座を持っていません。本書では、読者と共有できる観点として、まず落語のおもしろさを決める要因に着目します。それは落語の演目が有する「構造」です。

よくできた噺《はなし》には、完備された美しさがあります。洗練された構造を備え、聴き手のイメージ[参9]を噺の世界に導くよう的確に計算されているということです。本章では、理論的に説明しうる「落語の構造」について述べていきます。

落語は実演を通して洗練されてきました。先人が発明した数多くのクスグリ（笑わせどころ）には、通底する緩やかな法則があります。

クスグリでおもしろさを感じるのはなぜか。どんなタイプのクスグリがあるのか。落語に固有の構造はあるのか。こういった問いに答えていくことが、認知科学の視点から落語を研究する際の糸口になります。

そもそも「クスグリでおもしろさを感じるのはなぜか」という問いは、一見すれば、大変素朴なものです。しかし、この問いに向き合うことによって、私たちは、もう一段深い問いに接近できます。

「落語はなぜ、時代を超えて客を楽しませることができるのか」という問いです。

落語ファンは、同じ落語を何度も聴いているため、噺の筋《すじ》をよく知っています。したがって、次にどんなことが起こり、どんなクスグリがあるのかがわかっているにもかかわらず、「おもしろい」と感じます。その感覚はどのようなメカニズムによって生じるのでしょうか。その作用を引き起こす「構造」を見ていきます。

ここでいう「構造」は、落語の場合は「噺の筋」とか「噺の仕掛け」と言い換えることができます。「噺の筋」は全体的な構造であり、「噺の仕掛け」は微細な部分の構造です。クスグリは後者であり、これについては後述します。まずは、全体的な構造である「噺の筋」について見てみましょう。

「噺の筋」は、認知科学における「状況モデル」[参10]に相当します。状況モデルとは、ざっくりいえば、物語に関連した「表象《ひょうしょう》」のことです。表象とは、目の前では知覚されていない対象について心の中に浮かんでいる像を指して言う認知科学の用語です。用語の成り立ちとしては、「代表」という意味もある英語 representation を日本語に訳したものです。現実の物体そのものを心の中に物理的に取り込むことはできないので、その代替として、私たちが心の中に描く像が表象です。

たとえば、目の前にコップがあるとします。それを見て私たちは、コップを実際につかんだり触ったりしなくても、コップの使い方や質感など、コップに関するあれこれをイメージすることができます。それができるのは、目の前の動かないコップをもとに、その像を頭の中で描いて操作[参11、12]しているからです。

物語についての表象は、コップについての表象に比べてやや複雑です。物語ではいろいろな人がいろいろな場所に行ったり、話したり、喧嘩したり、逃げ回ったりと、ひっきりなしにいろいろなことが起こります。それでも私たちは、物語のつながりを理解したり、登場人物の気持ちに共感できたりします。

それが可能なのは、ある「状況」の中で人間（登場人物）がどのように振る舞うのかを私たちが知っているからです。そうした知識のまとまりのことを「状況モデル」と呼ぶわけです。

海外での研究を通して、状況モデルは「誰が、いつどこで、どんな目的で、何をしているのか」といった要素[参13]に分解できることが明らかになってきました。

なんてことはない、「誰が、いつどこで、どんな目的で、何をしているのか」は、落語でいえば「噺の筋」のことです。

## 『青菜』の構造

「噺の筋（構造）」はどのように構成されているのか。その大まかなイメージをつかむために、まず、柳家三三《やなぎやさんざ》師匠による『青菜《あおな》』を例にとって見ていきます。

これから示すのは、二〇一二年に三三師を東京大学にお招きして、落語会を催したときの口演の記録です（当時私は、東京大学の研究員でした）。学生向けに「噺家のはなしを聞く」というイベントを開催しました。会場は、本郷キャンパスにある懐徳館《かいとくかん》というお屋敷です。

懐徳館は、元は加賀藩主・前田家の邸宅で、その屋敷は立派な松が植わった美しい日本庭園に取り囲まれています。懐徳館はふだん一般公開されていませんから、特別の許可を得て、ようやく落語会を開くことができました。

落語会は十月でしたが、三三師は屋敷の雰囲気に合わせ、夏の暑い盛りを舞台にした『青菜』を演じてくださいました。

主な登場人物は、若い植木屋と大工です。植木屋がお屋敷に住む旦那《だんな》の粋《いき》な振る舞いに感心し、友達の大工相手に真似《まね》してみせるのですが、ことごとく植木屋のねらいが外れてしまうというのが、この噺のおもしろさのポイントです。

落語を知らない読者のために、『青菜』のあらすじを説明しておきます。

蒸し暑い夏の日、植木屋が屋敷へ出かけて一服していると、その屋敷の旦那が、よく冷えた「柳陰《やなぎかげ》」という高級酒や庶民には手が届かない「鯉《こい》のあらい」を勧めてくれました。植木屋は勧められるままにご相伴《しょうばん》にあずかると、旦那はさらに、菜《な》を茹《ゆ》でてごちそうしようと言って、奥方に声をかけます。

ところが「次《つぎ》の間《ま》」から出てきた奥方が応えて言うには、「鞍馬《くらま》から牛若丸《うしわかまる》が出《い》でまして、その名を九郎判官《くろうほうがん》」。

これを聞いた旦那は、少し考えてからうなずいて、「では義経《よしつね》にしておきなさい」と返すだけでした。奥方は、品のある礼をしてその場を辞しました。

植木屋は何が起こったのかわからず、事の次第を旦那に尋ねました。なんでも、菜は食べてしまってもうない。奥方は、客の手前でそういうことを言って旦那を赤面させてはよくない、と考えて隠し言葉を使った、と言います。

つまり奥方は、「菜を食《く》ろうてしまい、なくなった」の代わりに「その名（菜）を九郎（食ろう）判官」と言い、その意図を読んだ旦那もとっさに「では義経にしておきなさい」と隠し言葉で返しました。「義経」は、それで「よし」という意味です。

この見事なやりとりに植木屋はいたく感心して自分もやってみようと思い立ち、屋敷の旦那から隠し言葉を教わって、意気揚々と家路につくのでした。はたして、植木屋の隠し言葉はうまくいくのでしょうか……。

と、あらすじでいえば、これくらいでしょうか。

このあと、植木屋は自分の家を訪ねてきた大工を捕まえて、この一連のやりとりを真似してみせます。

むせかえるほど暑い押し入れに、自分の女房を無理やり押しこんで出番まで待つよう言ったかと思えば、旦那のセリフを真似して、大工に「柳陰はお好きか」と尋ねる始末です。

ところが、そこは落語のこと、大工は植木屋の期待どおりには反応してくれません。大工の目の前に出てきた酒は、「冷やした柳陰」なんかではなく「燗《かん》をした酒」ですし、植木屋が勧めてくる肴《さかな》も「氷を敷いた淡泊な鯉のあらい」ではなく「脂が乗った鰯《いわし》の塩焼き」なのですから。

庶民が物知りの真似をして失敗するという展開は、落語でよく見られます。こうした噺は、噺家の符牒《ふちょう》で「付《つ》け焼《や》き刃噺《ばばなし》」と呼ばれています。これは、「付け焼き刃は剝《は》げやすい」という慣用句からきています。

## 演目の同一性を「噺の筋」が保証

噺の筋は、「誰が、いつどこで、どんな目的で、何をしているのか」といった要素に分解することができると前述しました。落語のある場面について、聴き手が頭に思い浮かべている「状況」の「モデル（型）」です。

これに基づくと、『青菜』という噺の筋は、次のように言い換えることができます。

まず、噺の前半は、植木屋が屋敷で隠し言葉を聞く「状況」です。一方、噺の後半は、植木屋が長屋で大工に隠し言葉を言おうと待ち構えている、という「状況」に転換します。

噺の前半と後半では、「どこで」の部分が変わっています。しかしながら、噺のおもしろさを理解するためにもっと大事なのは、植木屋の「目的」の変化です。

噺の前半では、植木屋はただ酒を勧められて浮かれていただけなのに、噺の後半では、隠し言葉を言おうとして大工の隙《すき》をねらっています。

このように登場人物の目的が移り変わり、それが呼び水になって噺は展開していきます。

とはいうものの、一部の落語通を除けば、ほとんどの客はこうした全体的な構造に注意して噺を聴いているわけではありません。多くの客は「状況」が変わったところを目印にして、噺の筋を追うことで落語を楽しんでいます。

ですから、噺の筋がおおむね同じならば、客は同じ噺（演目）を聴いていると感じます。これに対して、たとえ同じ人物が出てきていても、場所や行動の目的が違っていれば、客にとっては別の噺（演目）になります。

この意味で噺の筋は、演目の同一性を保証するものでもあります。

落語にはいくつもの演目がありますが、一言一句決められたとおりに演じることはなく、その意味での台本はありません。それぞれの噺家が覚えた噺をもとにして、独自の編集を加えて口演しています。ですから、噺家によってセリフ回しやしぐさは大きく異なりますし、同じ噺家でも、生涯を通じて同じように演じるとは限らず、セリフ回しを変えていくことも多くあります。

『青菜』の場合には、付け焼き刃噺という大きな枠組みがありますから、誰が演じてもほとんど同じ噺の筋になります。しかし、演目によっては噺家の演出で登場人物の描き方を変えることができます。

たとえば、仕事もせず酒を飲んでばかりいる亭主を女房が改心させる『芝浜《しばはま》』では、主要な登場人物の一人である女房の意図をどのように描くかによってまったく違った噺になります。女房が「いつ、どこで、何をしているか」という意味では同じであるけれども、「どんな目的で」そうした行動をしたかが異なることで、まったく別の噺に仕立て上げられます。

落語通が集まれば『芝浜』談義に花が咲き、「芝浜はやっぱり三木助《みきすけ》（三代目桂三木助）がいい」とか「俺は談志《だんし》（五代目立川《たてかわ》談志）派だね」などと意見が分かれますが、その背景には、演者の裁量で噺の筋ががらりと変わってしまうという性質があります。もちろん、こうした談義は、同じ演目を何人もの演者で聴いて初めてできることですが。

重要なのは、こうした演者による違いがあってもなお、「噺の筋」が演目の同一性を保証するという点です。なお、こうした個性がどのように実現されるのかについては、「演芸的方略」と深く関わってきます。このことについては本章で後述します。

**噺家の高度な職能**

「噺の筋」について聴き手の立場から述べてきましたが、ここから一転して、噺家の立場から見てみると、また違った姿が見えてきます。

噺の筋に着目すると、『青菜』の前半で行われた、屋敷の「旦那と植木屋」のやりとりは、後半では、そっくりそのまま長屋での「植木屋と大工」のやりとりとして使われていることがわかります。

ただし、後半の「状況」は、前半の「状況」とはまったく違っているので、植木屋が思い描いた理想とは異なる結果となり、旦那や奥方のようにはいきませんし、大工が前半の植木屋のように隠し言葉に感心することもありません。

37ページの図は、『青菜』の構造を示したものです。前半の屋敷で行われるやりとりと後半の長屋で行われるやりとりの関係に注目してください。初めに教わったときの言動が、噺の後半で真似をしたときの言動とうまく対応しています。

多くの噺家は、この対応関係こそ笑いを生む仕掛けになっていることをよく心得ています。独演会の場合は、一人の噺家に与えられた持ち時間がたっぷりありますが、寄席では出番が大抵十五分ほどに限られています。噺のすべてを演じる時間はないので、短くする必要があります。このような制約がかかっても、噺のおもしろさを表現できるのはなぜかと言えば、噺家が対応関係を意識しているからです。噺を前半と後半で、対応する事柄をセットで削ることで、その演目のおもしろさを生かしながら短く演じることができます。

たとえば『青菜』なら、噺の前半で「淡泊な鯉のあらい」のくだりがカットされたときには、それに対応する後半の「脂が乗った鰯の塩焼き」もカットします。

噺のおもしろみがどこにあるか、ということへの解釈は噺家によって異なるので、カットする場面は噺家によって違ってきますが、といって、噺家が自分勝手に決めているわけではありません。多くの客が納得できる形へと導かれます。

たとえば『青菜』では、「蒸し暑いさなかに涼を見出す風流さ（の真似）という描写を楽しむ」ところにこの噺の魅力を見出すこともできます。この場合は、屋敷の雰囲気を醸し出す導入部分の優先度は高く、それを印象づける「冷やした柳陰」は残したほうがよさそうです。

また、『青菜』には定番の「落ち」があるので、その「落ち」を引き出すセリフである「名（菜）を九郎（食ろう）判官」は、削ることはできません。

そう考えると、時間の制約がある中では、「淡泊な鯉のあらい」のくだりが「脂が乗った鰯の塩焼き」とセットで削られることになります。

このきわめて理にかなったネタの出し入れには、客に与える楽しさと限られた時間とのあいだでのトレードオフを考えるだけでなく、客の反応を見ながら、次に何を話すか、あるいは何を削るかを瞬時に判断している即興性がうかがえます。

このように、噺の構造に対の関係がある場合に、その両方を削る・入れるという判断ができるのは、噺家が噺の筋をきちんと理解しているからです。落語の全体構造である「噺

## 『青菜』の構造

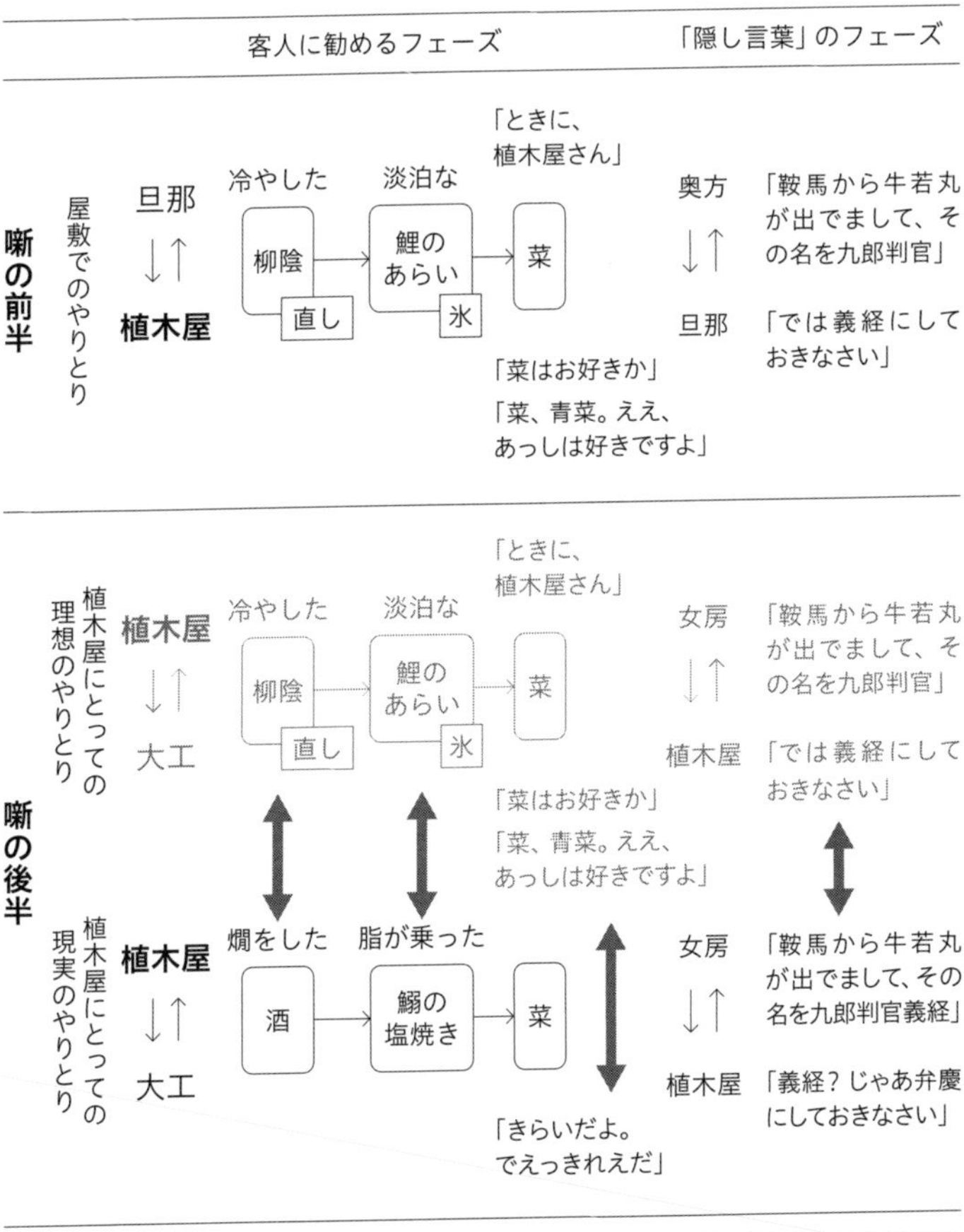


＊図中の「↓↑」はやりとりする登場人物を、大きな両矢印は参照する言動と不調和を生む言動の対応の関係を示している
＊薄い色で表現した「植木屋にとっての理想のやりとり」は実際にはないため、噺の前半のやりとりを基に、観客が自ら想像して補う必要がある

の筋」を見通す力があって初めて、細かな仕掛けが生きてくるのです。何気ないところに現れるプロのわざです。

噺家がプロフェッショナルたるゆえんは、「伝統的に継承されてきた噺の筋を基《もと》にしていながら、即興的に噺を創出できる」という高度な職能にあります。

なお、この『青菜』の口演では、噺のクライマックスで「間《ま》」が効果的に使われていました。「落語の間とは何か」について論じる際に、改めて触れます。

## 微細構造としてのクスグリ

ここまで、落語の全体的な「構造」を見てきました。ここからは、視野を狭めて、落語の微細な「構造」、すなわち「噺の仕掛け」に着目していきます。これは私たちが、素朴におもしろさを感じる落語の魅力に直結する部分です。

落語の笑わせどころを「クスグリ」と言います。

噺家が客を意図的に笑わせるというのは、相手をくすぐることと共通しています。ここからクスグリと呼ばれるようになったのでしょう。

私たちは、自分で自分をくすぐって笑うことはありません。また、機械の手がくすぐる

（と信じて、じつは人間がくすぐる）場合には、あまり笑いは起こらないということも知られています。くすぐりによる笑いは、物理的刺激だけではなく、笑わせるという意図を感じ取ることで成り立ちます。

一方、落語の笑いどころとしてのクスグリは、こちょこちょという物理的刺激ではなく、登場人物の言動として表現されます。

『饅頭《まんじゅう》こわい』で、口々に何が怖いかを言い合う場面で、ある男が「俺は蟻《あり》が怖い」と言い出します。怖い理由を聞かれた男は、二匹の蟻が寄ってきて（触角や前足で互いに接触して）〝ちょこちょこ〟やって、そのあと別れていくという様子を身ぶり手ぶりで伝え、「あの〝ちょこちょこ〟やっているときに、ひょっとしたら俺の悪口を言っているんじゃねえかと」思うと怖いのだそうで。

また、人がおもしろさを感じて笑う要素として、桂枝雀《かつらしじゃく》師は、「他人のちょっとした困り」を挙げています。ちょっとした困りは、当てが外れたり、へまをしたりで起こります。他にも、人がたくさんいるところで、自分の子が駄々をこねるということもこうした例の一つです。父と子が主人公の『初天神《はってんじん》』では、出店がたくさん並ぶ参道で、子どもが「ねえ、あめ買って」とせがんできます。父親が「何も買わない約束だろ」と言っても、子どもは「いいだろ、一個だけだから」と引き下がりません。子どもは周りの人に聞こえよがしに「えーん！」と泣いて、父親はばつが悪くなる、というのもクスグリになります。深刻な困りでは笑えませんが、ちょっとした困りなら、私たちも日ごろこういうこともよくあるなと思ってしまいます。

では、なぜ私たちはクスグリをおもしろいと感じるのでしょうか。また、同じクスグリでも、演者によっておもしろさの度合いが異なるのはなぜでしょうか。クスグリに焦点を当てて、落語の「構造」を見ていきましょう。

## 裏切りの笑い、共感の笑い

落語では、聴き手の想像力を実にうまく利用しています。客にある「状況」を想像させておいて、それを裏切るという方法は笑いを生む最も基本的なパターンであり、落語でも多用されています。

落語によく登場する粗忽者《そこつもの》（そそっかしい人）というキャラクターは、この典型です。銭湯に行こうとして「手ぬぐい」を出してもらいたいとき、気の短い粗忽者は、「あれ出してくれ、あれ。そう、やかん！　じゃねえ。ああ、そうだ、鉄瓶！　でもねえ」と、すっと言葉が出てきません。「手ぬぐい」が来ると思っている客は、予想を裏切られて思わず笑ってしまいます。

落語に限らず、「予測からの逸脱」は、人間が「おもしろさ」を感じるための重要な要素の一つです。それは、人間が知覚できるものであれば、目の前で繰り広げられる言動である必要はありません。

たとえば、おもりの入った袋を持ち上げるというごく単純な自らの動作でも生じます。ある程度の重さを持った袋をいくつか持ち上げていくと、次に持ち上げる袋も同じような重さだと人間は予測します。ところがそこに、極端に軽い袋が紛れ込んでいたとします。それを持ち上げたとたん、人は拍子抜けしてつい笑ってしまいます。

このとき予測していた重みと実際の重みのズレの大きさにほぼ正比例して、笑いの生起頻度が高まることが心理学の実験で明らかにされています[1]。

一方、落語では、聴いている客が予想したとおりの展開になっていく、という一捻《ひとひね》りした裏切り方もあります。

---

(1) G. Nerhardt. "Humor and inclination to laugh: Emotional reactions to stimuli of different divergence from a range of expectancy." *Scandinavian Journal of Psychology*, 11(3), pp. 185-195, 1970.　非常に巧妙な実験で体系的に明らかにしています。

『一目上《ひとめあ》がり』という演目では、数字が一つずつ上がっていくところがおもしろみになっています。八五郎が隠居の家の掛け軸を見ると、絵のほかにいろいろと文字があります。隠居によれば、「これは見事な賛（さん）だ」とのこと。この言い回しを使えば褒めることができると気づいた八五郎は、褒めて一杯おごってもらおうと大家の家を訪ねます。掛け軸があったので「見事な〝さん〟ですね」と言うと、大家は「賛ではない、これは詩（し）だ」とつれない答えです。すぐに八五郎は医者の家に掛け物があったことを思い出します。医者の家におしかけて、今度は「見事な〝し〟だ」と褒めようとしますが、医者は「これは一休禅師《いっきゅうぜんし》の悟（ご）だよ」とたしなめられてしまいます。

ここまでくれば「なるほど、一目ずつ数が増えていくんだな」と、八五郎が思うのも無理もありません。初めてこの演目を聴く客でも「これは詩だ」と言われたあたりから、次に行った先で一目上がるだろうと予測できるわけですが、そのこと自体が楽しくなってきます。町内の兄貴分にあたる男を訪ねた八五郎は、今度は先を読んで「兄《あに》ぃ、これは見事な〝ろく〟だ！」と言い放つのですが、「これは七（しち）福神《ふくじん》だ」と兄貴分の答えがもう一目上がったところで、落ちになります。

この場合、予想どおりに物事が運ぶというのは、なんともご都合主義に思えますが、私たちにはそうした「状況」でさえ楽しむ度量があります。

落語には前後の文脈があるので、ほとんどのクスグリは登場人物の言動によって生まれます。何度も同じことを繰り返すことで笑いを誘うのは、演者と客が、意図や思惑を共有するからです。これは何も、現代の「お笑い」に始まったことではありません。じつはもともと、多くの人間に共有されています。「さあ、またやるよ」と周囲に思わせて、そのとおりに行動して周囲を笑わせるのは、幼児期から見られる行動です。

簡単にまとめるなら、こう言えそうです。

クスグリの笑いには二種類あり、それらは、予測からの逸脱である「裏切りの笑い」と、他者と意図を共有して生まれる「共感の笑い」です。どちらも、ズレを認識したり、意図を読み取ったりという、人間の高い知性が反映されたものです。

認知科学的な観点からクスグリを説明するとこのようになりますが、落語に慣れ親しんでいる人は、そうした微細な構造に自覚的だとは限りません。落語には、人間を楽しませる構造が仕組まれていることが、落語ファンにとっては自明でのことのように思われるからです。

落語ファンは、落語のおもしろさをよく理解していると思ってしまいますが（かつての私がそうであったように）、皮肉にも、落語好きであるほど、そこに埋め込まれた巧妙な仕掛けを認識していないということです。

## 小三治落語を研究対象にした理由

私が、落語の「微細な構造」に注目して研究を始めたのは、二〇〇四年の秋ごろでした。この研究成果をまとめた論文は、二〇〇六年に日本笑い学会の機関誌『笑い学研究』に掲載されました[参14、15]。

このときの研究対象は、柳家小三治《やなぎやこさんじ》師による『千早《ちはや》ふる』にしました。

小三治師の噺を選んだのは、個人的な好みが大きく関わっています。大学で落語研究会に入ったときから、小三治師の音源をよく聴いていて、「どういうわけかわからないけど、小三治師の落語はおもしろいなぁ」と常々思っていたからです。

ご存知のとおり、小三治師は、二〇一四年に人間国宝に認定されました。認知科学で落語を研究しているのは私一人でいつも少数派ですが、落語好きとして多数派になるのは、悪くないなと思いました。

小三治師の噺を研究対象にしたのには、個人的事情のほかに、重要な理由がありました。

芸術やスポーツの研究では、熟達者（エキスパート）と初級者（ノービス）[参16、17]を比較することがよくあります。その際に、熟達者の定義が問題になります。

論文の審査をする査読者はあくまで「研究」におけるプロなので、芸能の分野には疎《うと》い場合がほとんどです。そのため、落語ファンなら誰もが認める素晴らしい噺家の名を挙げても、査読者にしてみれば、その噺家のレベルがわからない、ということもよく起こります。

教養として知っておいたほうがよいとか、そういう恨《うら》み言《ごと》の一つも言いたくはなりますが、求められていることはもちろん理解しています。論文は、読者が追試をして確かめられる程度の客観的な記述でなければなりません。それが科学的研究における最低限の基準であることは間違いありません。

ですから、当然のように、「熟達者を定義しなさい」とか、「せめてその人を選んだ理由を挙げなさい」と要求されるのです。

これは、本来であれば無理な話です。

熟達者を定義できているなら、「うまさとは何か」ということも定義できているはずです。しかし私は、「うまさとは何か」を知りたいと思って研究をしているのですから、堂々巡りとなってしまいます。

「うまさとは何か」の定義問題を避けながら研究を進めることができる、一つの解決策は、第一人者を対象にすることです。こうすることで定義をいったん棚上げにすることができます。

棚上げというと、いぶかしがる方もいらっしゃるかもしれませんが、じつは学問体系が十分に確立されていない分野では、問題発見の方法[参18]としてよく行われています。

研究分野が未成熟な場合、研究対象をうまく切り分けることや、厳密な定義ができなかったりします。それでも研究を止めてしまうのではなく、一時的に棚上げにして研究を進めることにより、知見が増えていきます。

遺伝を例に挙げれば、メンデルの法則で知られるように、植物の性質が次の世代に受け継がれることは知られていました。しかし、何がそれを可能にしているのかはわかっていませんでした。その後、知見を積み上げることで、遺伝を担う実体があるということも予測されました。

事実、二重らせん構造に複製・修復機能を備えたＤＮＡが遺伝をつかさどっていることが発見されたのです。ほかにも、ウイルスの存在について早くから予言されていたものの、その実体を観察するためには電子顕微鏡の出現を待たなければならなかったなど、その事例は枚挙にいとまがありません。

落語を研究する場合にも、「落語のうまさ」が定義できないからといって立ち止まるのではなく、研究を進めることで、新たな捉え直しが起こり、さかのぼって研究知見が有する意味がわかる、ということがありえそうです。

総合的に考えて、研究を推進するという意味で、小三治師の口演を対象にしたのは正しい判断でした。

『千早ふる』は、さまざまな演者によって演じられる演目です。特定の演者だけが演じるものでは演者間での比較をすることができません。また、私自身が初めに覚えた演目でもありました。演者として触れていたので、演目の全体構造についても、細かい構造についても詳しく見ていく準備ができていました。これも理由の一つになります。

## おもしろさにつながる微細構造

落語に対する理解をより精緻なものにしていくために、「どういうわけかわからないけど、小三治師の落語はおもしろいなぁ」のうち、「どういうわけか」の中身を探りたいと考えました。

同じクスグリでも、演者によっておもしろさが違います。同じ噺を聴いても、あまりにおもしろさが違っていて、演者が違うとまったく別の噺ではないかと感じるときがあるくらいです。その違いは演じ方にあるに違いありません。そこでまず、落語にはどんな演じ方の工夫があるのかを見つけ出そうとしました。

より具体的に言えば、噺家が落語を演じるとき、観客を楽しませるためにどんな工夫のレパートリーを持ち、それらをどう運用しているかを調べてみようと考えたのです。

認知科学では伝統的に、「人が首尾よく成果を上げるための方法」を「方略（ストラテジー）」と呼んでいます。

たとえば、記憶のための工夫として、学生たちが繰り返し復習することは、記憶方略の一つです。この学術的な命名規則に則って、落語での演じ方の工夫を、私は「語りの方略[2]」と名付けました。

この研究では、小三治師の口演に現れる「語りの方略」を収集しました。そのねらいは、観客を楽しませるための工夫を調べ上げ、口演された落語の一事例から「語りの方略」の働きを丁寧に洗い出すというものです。

その準備として、まず落語の「微細構造」（噺の仕掛け）を描き出すことにしました。詳

---

（2）「語りの方略」は、文章で表現されるユーモアの研究では、別の意味で使われています。言語学者のサルヴァトーレ・アッタルドは、なぞなぞ形式やジョーク形式など表現形式を表す言葉として使っています。簡単に言ってしまえば（文章の）ジャンルです。私が言う「語りの方略」とは、その意味が異なります。

です。

細に見ることで、落語に潜んでいる聴き手を楽しませる構造が明らかになると考えたから

落語の微細構造は、「噺の仕掛け」であると前述しました。もう少し具体的に言えば、複数のセリフや所作といった部分（部品）から構成されていて、それらが組み合わさることで、おもしろさや楽しさなどの作用を観客に引き起こす「仕掛け」のことを指します。仕掛けという言い方をしたのは、部品単体では効果や作用が期待できず、全体のまとまりを一つの単位として取り扱ったほうがよいからです。

この研究では、小三治師が演じる『千早ふる』のすべての発言を記録し、動作を抜き書きして、おもしろさにつながる微細構造を特定していきました。

その『千早ふる』には、次のような会話があります（この章での人物の会話は、すべて小三治師による口演を書き起こしたデータに基づいています）。

――これは、町の若い衆である金さんが、知ったかぶりをする隠居に百人一首のことで質問に行ったときのこと……。

金「伊勢屋のお嬢さんやなんかみんな仲間になってね、畳の上へ札《ふだ》並べて取り合ったりするんですよ」

隠居「あぁそら、おまえ花札だろう」

このくだりは、軽く客を笑わせる部分です。つまり「クスグリ」です。では、このやりとりには、どのような微細構造（噺の仕掛け）が隠れているのでしょうか。落語ファンならば、「そんな説明をするのは野暮だ」と言うところですが、それを承知で説明すれば、次のようになります。

子どもが札を並べて取り合うという情報を聞いたとき、私たちは「ああきっと、いろはカルタか、百人一首だな」と予想します。

ところが、隠居はそれに反して、「花札だろう」と口にするのです。

この発言が、先述の「予測からの逸脱」になります。予測していた状況と実際のあいだにズレを生むわけです。予想からのズレ（予測からの逸脱）が生じると、人間はおもしろさを感じ、ときに笑ってしまいます。

## クスグリという「不調和」

こうした落語の微細構造に、私は「不調和」という名を与えました。といっても、心理学ではすでに、ユーモアに関する研究の蓄積が多くあり、こうした構造は、すでに不調和(incongruity)と呼ばれていました。[4]

不調和は、ジョークやひとコマ漫画を用いた研究において世界各国で見出されていますす。これは、ユーモアの根本的かつ普遍的な要素だと考えられています。

落語に関しても、同様の微細構造が、桂枝雀師によって「へん」[参19](変)として指摘されています(終章を参照)。

クスグリに「不調和」という名を付けると、これまでとは落語の見え方が変わってきました。[参20]同じような不調和の構造がしばしば目につくようになって、落語の展開にあたかも

(3)　一九八〇年代以降、研究者のあいだで共通認識になっている現代的なユーモア理論によれば、こうした「不調和」を認識すると、人はおもしろさを感じるといいます。人が感じるおもしろさの感情は、ユーモアと呼ばれています。ユーモアについては、有史以来多くの理論が提唱されてきました。その数はあまりに膨大で、それだけで一冊の本になるほどです。『ユーモア心理学ハンドブック』(R・A・マーティン著、野村亮太・丸野俊一・雨宮俊彦監訳、北大路書房、二〇一一年)をご参照ください。

(4)　研究者によっては、同じことを「不適合」と呼んでいます。ただ、おもしろさを引き起こす文脈とのズレには、ちょっとしたズレや予想もしないほど大きいズレ、というように程度があるものです。ですから、こうした構造の名前としては、基準に照らしてぴったり合ってはいないことを表す不適合よりも、二つ以上のものがなじんでいないことを表す「不調和」という訳語を選びました。

濃淡がついているかのように見えるようになったのです。

「この部分は不調和の構造が連続している」「このあたりには不調和と呼べるものはあまりない」などと、微細構造が浮き上がって感じられるのです。それは、いうなれば、不調和という名を与えることを契機に落語の構造が視《み》えるようになった、という体験でした。

これは、人間の言語と認識が相互に依存していることによって生じる現象です。

一般に、人間が認識できるのは、名付けることができるものです。それは、こんな例からもわかります。日本語では、雨について多種多様な表現があります。つまり、雨の種類をいくつもに区別しているのです。降り方だけでも小糠雨《こぬかあめ》、小雨《こさめ》、村雨《むらさめ》、土砂降り、バケツをひっくり返したような雨などがあります。

こういう表現は、日本語が母語の人には、当たり前のように感じられますが、外国人がそのニュアンスを正確に認識することは実に難しいものです。試しに、村雨と土砂降りを英語にしてみると、どちらもおおむね It rains harder. となりますが、こう書いてしまうと、情緒もへったくれもありません。

このように言語と認識には緩い対応関係があるのです。

つまり、クスグリの分類を通して、噺の展開に濃淡が見えるようになったという奇妙な体験は、「不調和と名付ける行為が、落語の微細構造を概念化することと表裏一体であった」ということを表しています。

落語の微細構造を整理するためには、分類のためのカテゴリーが必要になってきます。カテゴリーがあれば、似た者同士を集めて類型化することができます。つまり、似たものを集め、他の種類と区別できるのです。

不調和をカテゴリーに分けるには、典型例を示したり、カテゴリーとカテゴリーの境界を設定しなければなりません。専門用語で言えば、内包（カテゴリーを決める属性）と外延（カテゴリーに含まれる個々の事例）を明確化するということです。

不調和が生じるときに、どんな知識を使っているかを特定し、クスグリ一つひとつを分類していくという地道な作業でしたが、そうすることで、「不調和」と呼ぶにふさわしいのは、どんな特徴を備えた部分なのかがはっきりしてきました。

後から振り返れば、口演の内容を「意味を成す最小の単位」で分類したことで、予備知識の色眼鏡なしに、落語に埋め込まれた巧妙な仕掛けを整理することができました。そしてこれが、噺家の「語りの方略」を説明する第一歩となりました。

## 予期を可能にするスキーマ

この作業を進めていくと、ほとんどのクスグリで、何らかの「不調和」が見つかることがわかりました。また、不調和にはいくつか種類があることもわかりました。『千早ふる』で見つかった不調和のうち、最も数が多く、典型的だったのは、「予測からの逸脱としての不調和」です。

前出の隠居の発言「あぁそら、おまえ花札だろう」もこれに該当します。

隠居の発言から不調和を感じて笑いが生まれるのは、聴き手の頭の中で落語を聴きながらさまざまな思考が働くからです。金さんと隠居の間柄を読み取ったり、伊勢屋のお嬢さんの様子を想像したり、百人一首に関する事柄を思い描くのです。

序章でも書いたように、連想したり思い出したりという脳の働きを、認知科学では十把《じっぱ》一絡《ひとから》げに「認知」と呼びます。認知科学という名称もこの「認知」を冠したものです。

人の認知の作用の一つに、「予期」があります。

予期とは、だいたい三秒以内に起こる出来事を、かなり具体的なレベルで予想することです。つまり、短期予測です。

そもそもの話でいえば、未来に何が起こるかはわかりません。にもかかわらず、人間が予期できるのは、「スキーマ」を持つからです。[参21] スキーマとは、発言や行動を理解する助けとなる、ひとまとまりの知識のことです。

たとえば、『千早ふる』に関するスキーマの一つに、花札についての知識が挙げられます。スキーマの中身は、花札は博打《ばくち》に使うものであり、江戸時代にはとくに成人男性の遊び道具だったという知識が含まれています。

私たちが、隠居の言葉を聞いてすぐに不調和を特定できたのも、花札についてのスキーマの働きによるものです。

『千早ふる』で小さな女の子が遊んでいる、という話をしているときに、真っ先に頭の中にある記憶を検索して見つかるのは、いろはカルタや百人一首です。それが「もっともらしい」ということです。

ですから、「札を並べている」という表現だけで、大人の遊び道具である花札が引き合いに出されると、状況にそぐわないと感じられ、予期と実際の発言とのあいだに不調和が生まれます。その結果、人はおもしろさを感じます。スキーマに基づく予期と実際とのズレ、つまり不調和が生じ、そこに笑いが生まれるのです。

こう考えると、本来は「愚かしい」「ばかげている」を表した「烏滸《おこ》」を語源とする「おかしさ」[参22]という言葉が、「おもしろさ」とほぼ同義に使われるのも納得です。

クスグリのおもしろさにスキーマが作用していることは、疑いない事実でしょう。その証拠に、花札をまったく知らない外国人にこのやりとりのおかしさを理解させようとしたらどうなるかを想像してみてください。もし、隠居の発言のおもしろさを説明したいと思ったら、どれだけ多くの言葉が必要でしょうか。いまの説明を抜きにして、おもしろさをうまく伝えられるでしょうか。

手順をきちんと踏んで、「おかしさ」を理解してもらうためには、それこそ花札それ自体のことだけではなく、江戸時代の子どもの遊びや風習など、さまざまな情報を説明しなくてはなりません。

こうした説明は容易ではありません。これはひとえに、物事を理解するために役立つ一連の知識（スキーマ）を共有していないことが原因です。

近年では、英語落語なども盛んに行われていますが、英語で口演する際に苦労するのは、日本文化に根付いた知識に基づく「おかしさ」の表現だといいます。

こうしてみると、私たちは落語を聴きながら、さまざまに想像を膨らませ、予期するというかたちで、「認知」をフル稼働させていることがわかります。

## 「当座のスクリプト」の威力

地道な分類作業を続けていると、スキーマに基づく不調和がある一方で、それとよく似た、しかし性質の異なるタイプの不調和も見つかりました。

それが「スクリプトに基づく不調和」です。「スクリプト」は脚本とか筋書きといった意味ですが、認知科学の用語としては、出来事の流れや手順についての知識を指します。

したがって、スクリプトに基づく不調和とは、出来事について期待される順序から外れたことによって不調和が生じるものです。スキーマに基づく不調和が、「予期からの逸脱」だったのに対して、「ものごとの順番や定番の流れからの逸脱」がスクリプトに基づく不調和です。

たとえば、江戸っ子が湯屋に行くという出来事の流れと言えば、こういった想像をするのではないでしょうか。

まず湯銭を耳に挟んで手ぬぐいを小わきに抱えて銭湯へ歩いていき、着いたら暖簾《のれん》をくぐります。知り合いにちょいと挨拶《あいさつ》でもしたら、番台に湯銭を置き、浴室へ向かいます。身体をさっと洗って熱い湯に入り、「湯がかみつくじゃねえか」などと言い、風呂から上がれば、小ざっぱりして家路につきます。

出来事の流れや手順についてのスクリプト（知識）を持っている人は、先のこともある程度までは予期できます。落語では、こうしたスクリプトも巧みに使われていました。先に挙げた『千早ふる』で言えば、何かわからないことがあったら隠居に聞きに行くという、この噺の根幹となる行動それ自体が、江戸時代を象徴するスクリプトです。クスグリに直結するもので言えば、ご隠居の話の中に、竜田川《たつたがわ》が千早花魁《おいらん》に振られ、その妹女郎の神代《かみよ》にも袖《そで》にされ、相撲取りをやめて豆腐屋になるというくだりがあります。これを聞いた金五郎は、「土俵の周りにあぐらをかいていればいい商売がいくらでもあるじゃありませんか」とツッコミを入れますが、これも「スクリプトからの逸脱」を利用したクスグリの例です。

金五郎（そして、客）の頭には、大関にまでなったほどの相撲取りなら、引退した後にも、親方衆になるという流れ（関取スクリプト）があります。ですから、このツッコミで、そのスクリプトが活性化され、「なるほどそのとおりだ」と思い、おもしろさを感じます。ここで一言付け加えるなら、いわゆるツッコミの発言は、参照基準となるスクリプトを示すことで、逸脱のコントラストをはっきりさせ、浮き立たせます。言い換えれば、ツッコミは「おかしさ」を引き立てるために、「ふつう」が何なのかを明示しているのです。

スクリプトに基づくクスグリは、漫才でも多用されています。しかし、それはあくまで現実の社会にすでにあるスクリプトです。それに対して、落語のスクリプトでとくに際立っているのは、演目の中で新たにスクリプトを作り上げるということです。

この章の冒頭で取り上げた『青菜』の例で示したように、「付け焼き刃噺」では、噺の前半で教わる内容が、噺の後半で利用されます。日常にはないスクリプトが噺を通して作られるという意味で、「当座のスクリプト」と呼ぶことにしましょう。

たとえば、これも付け焼き刃噺である『子ほめ』では、主人公の八五郎は赤ん坊のほめ方として、「栴檀《せんだん》は双葉《ふたば》より芳《かんば》し。蛇《じゃ》は寸《すん》にしてその気を現す」と教えてもらいます。このやりとりが噺の中で新たに作り上げられた「当座のスクリプト」になり、噺の後半に生きてきます。

私たちは、「栴檀は双葉より芳し。蛇は寸にしてその気を現す」という慣用句を使うことはほとんどありません（「蛇は一寸にして人を呑《の》む」が本来ですが、落語では「蛇は寸にしてその気を現す」と口演されることが多いようです）。また、子どもをほめる文脈で使ってみようという機会はあってもごくまれです。つまり、このスクリプトは、現代の生活の中にあったわけではありません。こうしたスクリプトを、普段の生活の中にあるスクリプトと区別して、『子ほめ』における「当座のスクリプト」と呼びます。

当座のスクリプトがどのように働いているかを知るには、実例を見るのが一番です。

『子ほめ』の後半で、実際に子どもをほめようとする場面があります。ここでの八五郎のセリフは、教わったとおりではなく、自分のなじみのある言葉に置き換わってしまい、「ジャワスマトラは南方だ。洗濯はふた晩で乾くかな」などとなってしまいます（表現は噺家によって異なります）。

聴き手は、噺の中で出現した当座のスクリプトによって、次の展開を予期してしまいます。ですから、あとは登場人物の言動がそこから逸脱すれば、確実に不調和を生み出すことができます。

「予期する」ではなく、「予期してしまう」と書いたのは、何か熟慮した結果として短期的予測が生じるのではなく、とっさに（心理学的にいえば、自動的処理として）生じるからです。つまり、当座のスクリプトに基づくクスグリは、思い出さずにはいられない、まさに不可避の思考ルートに導く巧妙な仕掛けなのです。

自ら作ったスクリプトを基準に自ら不調和を生み出していくという、落語の自己成就的なスクリプトは、噺の仕掛けとしてよくできていると、私はいつも思います。

その理由は、『桃太郎』の中で、金坊《きんぼう》が嘆息まじりに父親に解説するくだりを思い起こさせます。金坊が言うには、「『昔々あるところに』というのは、時間や場所を限定しないことで、いつの時代の、どの地域の子どもにも想像できるようにするためなんだよ、お父さん……」。

まさにそのとおりのことが、当座のスクリプトにも当てはまります。当座のスクリプトは、時代や地域に左右されず、笑いを生み出します。それは、参照基準がいつも噺を通して、その都度作られるからです。

それに対して日常のスクリプトは、つねに移り変わっています。ですから、違和感があっても、数年たてば日常の風景になっているという例はいくらでもあります。ちょっと昔のことを思い出してみれば、音楽再生装置を持ち運ぶことや電話を携帯することも奇妙なことでした。現在では、腕時計をする若者は少なくなりました。時間はスマホを見ればわかるからです。二〇二〇年春、新型コロナ感染症の拡大を防止するため、本学の授業はすべてオンラインに切り替えられました。こうしたことは、ちょっと前には想像もつかなかったことですが、ということは、現在のスマホもオンライン授業も、将来はどう変わっているかわかりません。

こうした世の移り変わりによって、「変だ」と感じる基準は変わります。学術用語で言えば、「不調和が認識されるための参照基準」が変わってしまいます。つまり、経年によっておもしろさが生じなくなってしまうのです。

しかし、自分で仕込む当座のスクリプトを使えば問題ありません。客にしてみれば、ちょっと前に示された参照基準は容易に思い出せ、「おかしさ」に気づくことができます。当然の帰結として、当座のスクリプトは、普遍的な噺の構造として、いつでも使いまわすことができます。噺家自らが噺の中で仕込む当座のスクリプトこそ、時代を超えて観客を楽しませる落語の魅力の一つなのです。

## 演劇的方略と演芸的方略

『千早ふる』に話を戻しましょう。

小三治師の口演を用いて、落語の構造を集計するために、書き起こしたセリフの横には、「花魁スキーマ」や「スクリプト番号A-2」といった記号を付けていきました。(5) 結果として、軽い滑稽噺《こっけいばなし》(おかしさやばかばかしさに主眼が置かれた噺)を扱っていながら、なん

(5) 最初の研究では、合計で八十か所以上にクスグリが見出されました。『千早ふる』全体で二十五分程度でしたから、平均すれば、一分あたり三・二個あることになります。といっても、クスグリは時間的に均等には起こっていません。クスグリは連続する傾向にあるので、平均すること自体に意味はありません。数値にすればわかったような気になることには注意が必要です。

## 柳家小三治による『千早ふる』の発話とスキーマの例

| No | 発話者 | セリフ | 噺の仕掛け（微細構造） | 関連事項 |
|---|---|---|---|---|
| 174 | 隠居 | **①うるさいよおまえは。**うらめしいもなにもないの。話はこれでおしまい。/ ⅰ / **②一番初めが千早振るだろ。**/ ⅱ / | ①不調和<br>②二元結合 | ②「根問い」スクリプト |
| 175 | 金 | / ⅰ /**①これなんですかこれは。**/ ⅱ / **さっきの歌のわけかい、おい。②あんまり長えから、おれ他の話してんのかと思ってさあ、**どういうわけ。 | | ①「根問い」スクリプトの明確化、②「根問い」スクリプトの明確化 |
| 176 | 隠居 | どういうわけったって、一番初め、え、千早が竜田川を振ったろ、だから千早振るじゃないか。妹女郎の神代にいったところ「ねえさんのいやなものはわちきもいやでありんす」これもいうことをきかない。神代も聞かず竜田川となるだろう。 | 二元結合 | |
| 177 | 金 | **うわーなりましたねこら。**あとは。 | | 二元結合の明確化 |
| 178 | 隠居 | あとはわかるだろう、おまえ。五年経ったときに竜田川の店先に女乞食が立った。そのときに卯の花はやらなかった。**卯の花はくれない、からくれないだよ。** | 二元結合 | おからスキーマ |
| 179 | 金 | / / **①あらおからくれないか、あれは。②あー、しでぇなこら。** | | ①二元結合の明確化、②会話の公準（質）の明確化 |
| 180 | 隠居 | しどいといやつがあるか。**あとは井戸の中にどぼんと飛び込んで水くぐるとはだ。** | 二元結合 | 和歌「千早ふる～」スキーマ、花魁スキーマ、登場人物「千早」のスキーマ |
| 181 | 金 | / ⅰ /なるほどね。そらどんな軽い女でも、どぼんと飛び込みゃあいったんは水くぐりやすからねえ。/ ⅱ / そいで水 / ⅲ / くぐる / ⅳ / **とは。**/ ⅴ / こらおかしいねここ。 | 不調和 | |

＊関連事項は、噺の仕掛けに関連する / ツッコミで明確化されるスキーマ・会話の公準を指す。
＊太字で書かれたセリフは、２名以上の評定者により特定されたクスグリを示す。
＊ひとつのセリフで複数のクスグリがある場合は、順に①、②……とマル数字を付している。
＊ / / はセリフの「間」を示す。一つのセリフで複数の「間」がある場合は、順にⅰ、ⅱ、ⅲ……とローマ数字を付している。
＊下線は、クスグリの参照基準になる噺の仕掛けを明確化している部分を示す。

とも仰々しい表ができあがりました（63ページ）。

こうして噺の骨格とも言える構造が見出されたので、次に噺家は、どのような語りの方略によって噺を肉付けしているのかを詳細に見ていくことにしました。

「語りの方略」とは、繰り返しになりますが、噺家が演じる際の工夫のことを指します。噺の筋は同じでも、噺家が何を伝えたいのかによって、言い回しを変えたり、所作に変化をつけたりすることができます。落語がいつ聞いても新鮮なのは、こうした演じ方の工夫（語りの方略）が多彩だからです。とは言っても、これは単に種類が多いということではなく、ただ一言を発話するにも、さまざまなやり方があるということです。

『千早ふる』について、語りの方略を集め、内包と外延に注意してカテゴリーを作ると、主に噺の筋を成立させるために登場人物同士が自然に会話をしているように見せるための方略と、観客を楽しませるための方略が見出されました。

この研究で、私は前者を「演劇的方略」と呼び、後者を「演芸的方略」と呼びました。(6)演劇的方略は、その人らしさを表したり、声で距離感を表すといったものです。(7)その一

（6）学会などで発表した際にこれらの方略が私の意図とは違う捉え方をされたこともあるので、名称については、改善の余地があるかもしれません。

方で、観客を楽しませる機能を持った方略である演芸的方略が見出されました。代表的な演じ方の工夫としては、話し声の強さやテンポ、抑揚を変えることでクスグリの部分を強調する例が挙げられます。

本書ですべては紹介できませんので、興味がある方には論文（参考文献［15］、野村・丸野、二〇〇六）に当たってもらうことにして、ここでは語りの方略の一例として、上下《かみしも》を振る（複数の登場人物を演じ分けるために、舞台の上手《かみて》と下手《しもて》に向き直る）ことで人物を切り替えてから発話するまでの時間に注目した分析を紹介します。

一事例ではありますが、細かに見ていくことで、落語の微細構造（噺の仕掛け）と「語りの方略」が絡み合って、おもしろさにつながっていることがよくわかります。

この例では、近接しているクスグリ同士が、互いに一対一の対応関係にあります。一つ目のやりとりは、隠居が在原業平《ありわらのなりひら》を知ったかぶりする部分で、二つ目のやりとりは、隠居が業平の歌を知ったかぶりする部分です。

---

（7）　もちろん、具体例はあくまで『千早ふる』に登場したものであり、網羅しているわけではありません。この範囲では現れてきていませんが、たとえば、『初天神』でガヤガヤとした雑踏の感じを出すことなども、噺の筋を成立させるための演劇的方略に含まれます。

一つ目のやりとりが、当座のスクリプトを作り出している点に注意してみてください。いずれも、発話までに休止が見られる箇所を「／　／」で示し、区別のために「／」と「／」のあいだに番号を振りました。

［スクリプトA］
金「いちばんいい男ってえと、とっても有名な人がいるって」
隠居「／A1／そうそう。有名だねあの人は」
金「／A2／なんていいましたっけあの人」
隠居「／A3／なんとかいったね」
金「知ってますか？」
隠居「／A4／知ってるよ」
金「なんていうんですか」
隠居「んー、あれはね／A5／まあ、お茶お上がり」
金「いやあ、お茶はどうでもいいんですよ」

［スクリプトB］

金「その人が作った歌がありますよね」
隠居「／Ｂ１／あ、ああ、うん、そうだな」
金「／Ｂ２／なんていいましたっけね」
隠居「ん、な、なんとかいったね」
金「／Ｂ３／有名ですか」
隠居「有名だ」
金「／Ｂ４／知ってますか」
隠居「知ってるよ」
金「なんてんです」
隠居「／Ｂ５／まあ、お茶／Ｂ６／
金「お茶はどうでもいいんですよ。ああ、また思い出しましたよ」

これらの会話での演じ方の特性を明らかにするために、人物が入れ替わって発言するまでの時間[参23]の長さに注目しました。心理学では、刺激呈示から実験参加者の反応までの時間を「反応潜時《はんのうせんじ》」と呼ぶので、ここでも入れ替わりのための時間を反応潜時と呼ぶことにしました。

まず、スクリプトAにある、A1とA2では、ほぼ同じ反応潜時の休止がありました。それに対して、スクリプトBの中で、これらの発言と一対一対応になっているB1、B2に注目してみると、B1に比べてB2の休止時間が長いということがわかりました。隠居はすぐに答えたのに対して、金は声を発するまで一呼吸遅れます。

この休止からは金のとまどいの様子が醸し出されているように見えます。

とくにスクリプトBで秀逸だったのは、登場人物同士の発話（およびその休止）の相互関係でした。よくよく調べてみると、巧みに客の思考を導くように、精緻《せいち》に組み立てられていることがわかりました。

というのは、隠居の（適当な）発言を聞いて、金が次に言葉を発するまでの休止時間は、B2が最も短く、次いでB3が長く、B4は一番長いというように、順番に長くなっていきました。

休止が次第に長くなっていくところに、次第に増幅していく金の疑念が強調されているように感じられます。

## 「次に何がくるかわかるのにおもしろい」のメカニズム

他方、隠居の発言にも注目してみましょう。スクリプトAで見られた休止A3やA4ですが、スクリプトBのこれらに対応するセリフでは、休止はなくなっていました。その結果、隠居が自信を持って知ったかぶりをする様子が印象づけられています。

また、B5の休止によって、もはや包み隠さず知ったかぶりをする、隠居のそらっとぼけた感じが伝わるよう演出されています。

こうした細やかな人物の心情描写があることで、客は知らず知らずのうちに落語の世界を豊かにイメージすることができます。この意味では、ここまで紹介した休止の長さの変化は、演劇的方略として位置づけることができます。

ところがB6は少し様子が違います。発話の休止記号を付けましたが、特殊な意味での休止です。隠居の発話の途中で金の発話につながるという、落語に特徴的な表現手法が用いられているからです。つまり、隠居の発言を金が遮って発話しているのです。まだ話し終わっていないところで次の発話が生じているため、「発話の終わりを基準にする休止の反応潜時」の定義に従って言うなら、「マイナスの反応潜時」ということになります。

落語では、一人の演者が複数の人物を演じ分けるという制約があるため、会話の重なりをそのまま表現することはできません。かといって、どんな発話でも最後まで話していては、テンポが悪くなります。ときには強調するために発言を遮ったこと、つまり、会話の重なりを表す必要があります。その表現がここでは使われているのです。

Ｂ６についても、この表現を用いることで、金のツッコミの勢いが増します。しかし、もう少し巨視的な視点から見ると、Ｂ６には別の意味も含まれています。

二つのスクリプトを比較しながら見てみることにしましょう。

スクリプトＡでは、金のツッコミの発言に「いやあ」が入っていたのに対して、スクリプトＢではこれがなくなり、「お茶はどうでもいい」という最小限の情報だけが提示されています。

こうした省略が成立するのは、スクリプトＡの段階で、すでに対応するやりとりが客に示されているからにほかなりません。つまり、客の頭の中で、少し前のやりとりが当座のスクリプトという形で保持されていることを利用しているのです。

反応潜時の変化によって、単なる反復になるのが避けられ、スクリプトＢは、客にとって新鮮な表現に生まれ変わっています。

客は、噺の展開を予期しながら聴いています。客からしてみれば、「その人が作った歌がありますよね」から始まる一連の流れで、隠居は最後にはお茶を勧めて逃げようとする、ということは十分に予想できることです。

事実そうなるのですが、スクリプトBでは、発話の重なりを示すマイナスの反応潜時によって、発言がなされるタイミングが「予期から逸脱」します。これが新種の「おかしさ」を生じ、笑いを誘います。

落語ファンは噺の内容を知っていますから、次に何がくるかがわかっています。しかしながら、「次に何がくるかわかっているのにおもしろい」という事態は、こうした語りの方略に支えられているのです。

語りの方略、とくに演芸的方略が生み出す「予期からの逸脱」は、これまで見てきたスキーマやスクリプトからの逸脱とはまた違う、落語ならではの表現と言えるでしょう。

小三治師の『千早ふる』では、わずか十数秒のあいだに、観客を楽しませるために多彩な語りの方略が使われていました。これらの語りの方略は、スクリプトに立脚しています。ですから、単に落語の微細構造（噺の仕掛け）だけを論じても、その全容を捉えることはできません。その一方で、ただ語りの方略だけを論じては、理屈が独り歩きしてしまいます。

つまるところ、語りの方略は、噺の構造（噺の筋、噺の仕掛け）と不可分だと言えます。端的に言えば、噺の構造と語りの方略が相互に立脚し合うことで、落語のおもしろさの妙が生じるのです。

熟達した噺家になれば、教わったとおりのことをただ再生するという水準をはるかに超えて、演じながら状況を即座に判断し、多彩な語りの方略を使い分けています。

ご注意いただきたいのは、語りの方略が、あくまで演者と目の前にいる観客群とのあいだの緊張関係の中で創出されるものだということです。ですから、いま紹介した語りの方略をただ組み合わせれば生き生きとした落語になるというものではありません。語りの方略は、あくまで噺家と観客群の相互作用を通して創発されるのです。

この研究では、語りの方略を収集して、そのカテゴリーを作った段階にとどまっており、噺家による瞬時の判断の分析には至りませんでした。噺家による、オンラインでの（噺を現に演じながらの）判断がどのように行われているのかという問題は、まだ誰も実証研究[参24]では到達していない未踏の地です。

## 落語の魂とコトアゲ

この章では、スキーマやスクリプトに注目することで、落語の骨格とも言える構造を見てきました。紹介できたのは、『青菜』と『千早ふる』の二つの演目だけで、また構造も代表的な例を抜き出したものに限られます。しかし、同じ手法を使えば、これらの構造がどれくらい普遍的に見られるかを調べることもできるでしょう。こうした特性は、落語を談話資料として文字に書き起こすことで、比較的容易に特定することができます。

と言うと、落語があたかも言葉だけに支配されているかのように思ってしまいそうですが、それには注意する必要があります。

言葉はあくまで落語の一つの要素にすぎません。

神道の言葉に「コトアゲ」があります。これは、本来言葉になりえない意味をあえて言葉にすることを指します。たとえば、祭礼の手順にどんな意味があるのかを説明してしまうことなどです。最も古くは日本《やまと》武尊《たけるのみこと》が使ったというのですから、非常に歴史深い表現です。

コトアゲは、言葉にしてしまうと本来の意味を損なってしまうもの、というようなニュアンスで使われるわけですが、「本来の意味」は「魂」に置き換えることもできるでしょう。言葉にしてしまうと、本来のありようから魂が抜けてしまうのです。

研究者が陥りやすいことかもしれません。研究の作法を学ぶことに一生懸命になりすぎるあまり、知らず知らずのうちに、自分の研究対象についてコトアゲしてしまっていることがあります。

落語の魂は、言葉だけではくみ取りきれないところにあります。それを気づかずコトアゲしてしまうと、そこに現れるのは、もはや落語とは別のものになってしまうことでしょう。

研究対象を概念化してしまう「言葉」は、落語のある一面を理解する上では便利なものです。しかし、落語は本来なら時間とともに展開するものであり、モノ・コトとしての形を与えてしまうとコトアゲの状態に陥ってしまいます。

私が最初に取り組んだ研究は、落語の構造というわかりやすい側面を対象化して、言葉にしてしまうものでした。この研究は落語の特徴を描き出し、その性質に一歩近づくものだったといまも考えています。ただ、噺家と客のあいだでのやりとりで成立しているのが落語の本質なら、こうした噺家だけに注目した概念化は、むしろ本質からの隔たりを作ったのかもしれません。

落語には、明らかに言葉だけではくみ取りきれない要素があります。ですから、落語を認知科学で視るとき、あたかもジョークやユーモアの研究であるかのように、言葉だけの分析に止めるのは大変もったいないことです。

そうはいっても、書き起こしたセリフや動作のピースを分類しながら、私は思うのです。コトアゲ以上のことを、私たちは研究として行うことができるのか。もし、そうだとすれば、どんな方法があるのか、と。

この問題は、私の落語研究にじわりじわりと影響してきています。そのことについては、後述します。

噺家と客のあいだでのやりとりで落語が成立しているということは、何度か寄席に足を運べばわかります。繰り返し落語を聴くと、同じ噺でも、違った噺に感じられることがあります。その違いは何かと論じるとき、これまでは、「感動した」とか「あの噺家は間《ま》がいいね」など、感性的な表現を用いるのが常でした。しかしそれでは、体験を個人の心の中にとどめておくことしかできません。個人の感想以上のことを少しでも理解したいと、私はあきらめずに続けています。

落語の表現には、認知科学を研究する人間にとって興味深いことがたくさん含まれています。落語を落語にする工夫は、噺の構造という骨格部分を基盤としながらも、噺家一人ひとりの演じ方の中に見えてきます。

未だ謎は多く残されています。噺家と客との関係の中で、落語はどのように変化するのか。根源的には、落語を落語にしているものは何か。

こういった問いに答えていくことこそ、本当の意味で落語の研究になると思うのです。

# 第二章　「遊びのフレーム」とメタ・コミュニケーション

## ライブの感覚をどう捉えるか

前章では、噺家《はなしか》の口演を書き起こし、その演じ方の工夫を細かく見てきました。これにより、噺全体を貫く「噺の筋」と一つひとつのクスグリを形作る「微細構造」が落語のおもしろさを生み出していることがわかりました。

その反面、言葉に依存した説明は確かに納得できるけれどもどこか心もとない。じつは落語から遠のいているのではないか、という不安も生じてきました。落語会や寄席に通うたびに、それまでの研究では実践のニュアンスをつかみきれていないもどかしさを感じていたのです。

落語というものは、客席から手が届きそうな高座の上で、生身の噺家が生み出していくものです。ごく近距離の芸です。落語の楽しみは、噺家の雰囲気とか空気と言えるような、存在自体を肌の感覚で受け止めるところにあります。

そうしたライブで落語を聴いたときの生き生きとした感覚までは、噺の筋や仕掛けの分析では説明できません。私は次第に、落語の落語たるゆえん、本質的な特徴をまだつかめていないのではないか、と思うようになりました。

その結果、落語をライブで聴くときのおもしろさをできるだけそのまま捉《とら》えたいと考えるようになりました。

演芸場では、噺家と多くの客が時間・空間を共有しています。その「いま・ここ」では、噺家の振る舞いとそれに応じて生じる観客の反応が互いに影響しあっています。この関係があって初めて、生き生きとした落語体験が生まれます。

「生き生きとした」を繰り返しましたが、これは、演者と観客のあいだで、楽しませ、楽しむという関係が維持され、演目が闊達《かったつ》自在に展開することを通して、落語がエンターテインメントとしての機能を十全に果たしている状況を指します。対極の状況としては、演者に能力が不足していたり、観客に聴く気がなかったりして、機能不全に陥っている場面を想定できます。劇場の温度・湿度が高すぎて、機能不全になってしまうというような、環境面での条件もあります。

この事実を念頭に置くと、第一章で説明した落語のおもしろさの説明には、「噺家と観客群とのコミュニケーション」という観点が不在であることがわかります。文字起こしされた口演の情報には、噺家の痕跡《こんせき》はごくわずかしか残っていません。

先に述べたように、演じ方の工夫（語りの方略）には、噺家の特性がうかがえるのですが、それでも、演じ方の工夫が実際どのような作用を客に与えたのかを知るには、観客の反応を観測するしかありません。

噺の筋や噺の微細構造に基づく説明には、客の観点もほとんど含まれていませんでした。「客は一般的にこういう反応をするだろう」という推測は可能でも、客が実際にどんなふうに感じたり考えたりして笑い声を上げたのかについては、論じることができていませんでした。つまり客は、噺の内容を理解する抽象的な存在として背景に退いていました。

いわば、客は言葉に込められた意味内容を読み取るだけの、とても静的な（あるいは弱い）存在として捉えられていました。

しかし繰り返しますが、演芸場で日々行われている実際の落語では、噺家から観客へ噺が放り投げられるという一方通行の関係ではありません。噺家の表現に客が反応を返し、噺家もそれを察知して次の演じ方を変えていきます。噺家と客のどちらかが不在でも、落語は成立しません。認知科学の用語を用いていえば、落語会や演芸場で上演される落語は、噺家と観客群の相互作用[参25]を通して創発されるのです。

このように、噺家と客とのあいだにコミュニケーションがあるという前提で考えたとき、落語のうまさとは何でしょうか。それに答えるだけの十分な道具[参26]は、まだそろっていません。しかしながら、これは非常に興味をそそられるテーマであり、落語の「おもしろおかしさ」の謎《なぞ》に迫るための糸口にもなると考えました。

まずは、噺家と観客群とのコミュニケーションの種類を整理し、その上で、その働きを探っていきます。

## 落語の構成と客の想像力

本章を読み進めていただくにあたっては、落語の基本的な構成を知っておく必要があります。落語をよく知らない読者のために、その概略を説明しておきます。

落語では、まず舞台袖《そで》から演者が現れ、舞台の中央に置いてある座布団《ざぶとん》に座ります。登場から座るまでのあいだには、出囃子《でばやし》と呼ばれる入場曲が演奏されます。出囃子は噺家ごとに異なるので、好きな噺家の出囃子を聴くとその人が出てくることがわかって期待感が高まります(8)。

座布団に座った噺家は、おじぎをしてから語り始めます。多くの場合には、落語の本編に入る前に、まずは「マクラ」と呼ばれる短い話があります。こうした短い話は、噺の頭、

(8)　心理学的に言えば、この生理的な高揚は古典的条件づけによるものです。パブロフの実験で、犬がベルの音を聞いただけでよだれが出るようになったのと原理的には同じです。

に置かれるので、マクラと呼ばれるようになったと言われています。

そのまま続けて落語の本編に入ります。この部分には演目としての名が付けられています。たとえば、『饅頭《まんじゅう》こわい』とか『時《とき》そば』などがそうです。

こうして始まった噺は、典型的には「オチ」がついて終わります(9)。

オチとは、噺の終わりを示す一言です。たとえば『饅頭こわい』でいえば、「熱いお茶が怖い」がオチに相当します。

オチは、漢字で書けば「落ち」で、「落とし噺」の由来になりました。今日、落語が落語と呼ばれるのも、落とし噺から来ています。

「サゲ」という言い方も「オチ」と同じ意味で使われていますが、上から下に移動させるニュアンスがあるところから、オチよりも能動的な印象を受けます。どちらもよく使われるのですが、本書では以下、オチで統一します。

オチを語って噺が終わると、噺家はまたおじぎをして立ち上がり、舞台袖から楽屋へ戻っていきます。

(9)　オチにはさまざまな種類があります。オチに関する研究については、本書の終章にまとめていますので、興味がある方はご覧ください。

噺家の舞台への出入りを除けば、マクラ↓本編↓オチが、落語の基本的な組み立てです。

ただし噺家によっては、この流れとは異なる演じ方をする場合もあります。マクラもなくいきなり本編に入ることもありますし、オチらしいオチもなく終わることもあります。後で説明しますが、これは、噺家が即興的に判断して行っていることです。

舞台装置についていえば、落語に必要なものは座布団だけです。寄席などでは、背景に金屛風《きんびょうぶ》やふすまなどを設《しつら》えてありますが（背景を置いて噺家を見やすくする効果をねらったもの）、それらがないと落語ができないというものではありません。

噺家が使う小道具も、扇子と手ぬぐいだけです。上方落語ではこれらに加えて、手のひらサイズの小拍子《こびょうし》と呼ばれている拍子木があり、それで叩《たた》いて音を出すための見台《けんだい》と呼ばれる小さな机を置きます。

落語の小道具が少ないのは、扇子を箸《はし》やキセルに見立てたり、手ぬぐいを手紙やタバコ入れに見立てたりして、これらの小道具が噺に登場するありとあらゆる道具を表すものとして使われるからです。

表現という点において、他の芸能と落語を隔てる最大の特徴は、一人の演者が複数の登場人物を演じるということです。

一人で複数の人を演じる以上、人物の区別を行う必要があります。そのために噺家が行うのが、上下《かみしも》を振る（切る）という動作です。左右に首を振り、二者が会話している様子を表します。上下という言い方は、舞台上の位置と関係しています。

客席から見て舞台の右を上手《かみて》、左を下手《しもて》と呼びます。これは、芝居での舞台用語を踏襲したものです。

芝居では、舞台の上手・下手は、登場人物の関係性と対応しています。たとえば、歌舞伎の花道は下手に設けられ、目上の人がいる屋敷は上手に設けられます。芝居をベースにしている落語の上下の振り方も、これに準じています。

たとえば、位が高い人や目上の人は上手にいるはずなので、下手（客席から見て左）のほうを向いて話します。こうして、噺家は上下を振ることだけで、会話をする二人の空間的な位置と社会的な関係を表現してしまいます。

登場人物の性別、年齢、性格は、話し方や所作に加えて、視線や姿勢によって演じ分けます。ほかにも、登場人物の体格など物理的な大きさは視線の向け方を変えることで示しますし、登場人物同士の物理的な距離は、声の届け方によって演じ分けます。

こうして噺家は、複数の人たちが会話している様子を一人で表現します。

注意すべきは、落語で複数の登場人物のキャラクターや会話を楽しめるのは、噺家の演じ分けだけによるものではないということです。客が想像力を働かせて、噺家の表現から読みとることなくしては、落語は成立しません。もし、客の想像力がなければ、噺家がいろいろと工夫[参27]して演じても、「何かしゃべっている」くらいにしか思えないでしょう。

落語は、客の想像力によるところが大きい芸能なのです。

## あいまいさを許容する知性

観客は、演芸場という現実世界にいながらにして噺の世界を体験します。落語を存分に楽しむためには、「いま・ここ」の世界を離れて[参28、29]、噺の世界で遊ぶ必要があります。

こうした想像力を膨らませて補うという人間の「いま・ここ」の世界を離れる能力は、さまざまな局面で使われます。たとえば、電車に乗ってどこかへ行こうというとき、乗り換えの場所や時刻を考えて、将来の行動を計画します。「もし、東京駅で乗り換えた場合には」とか、「もし、出発時刻が△時△分より早ければこの電車に乗り換えられる」など、何段階もの推論によって将来の行動を決めています。また、冷凍庫がいっぱいになっているとき、どのように整理すれば新しく買ってきた冷凍食品を入れられるかをイメージします。これもまた、目の前にある「いま・ここ」からいったん離れて、想像力を働かせる場面です。

客が噺の世界にどれほど没頭できるかは噺家の力量によりますが、一方で、どんな噺家でも客の協力なしには噺の世界を作ることはできません。

客の想像力への依存は、一面では、客に合わせて演じ方を変えなければならないという制約を生みますが、落語の組み立てにおいてはプラスに作用します。

たとえば、落語には「乙《おつ》な年増《としま》」が登場します。落語の世界での「年増」は、落語が成立した時代の意識を反映した表現です。具体的な年齢は重要ではないのですが、江戸時代には二十歳前後を年増といったそうです。

「乙な年増」は、『夢の酒』という落語では黒板塀《くろいたべい》に面取《めんと》り格子《こうし》が設《しつら》えてある屋敷に住んでいて、時々芝居を観に行くようです。『強情灸《ごうじょうきゅう》』では、贔屓《ひいき》の役者に掛け声をかけたいのだけれど、恥ずかしいので、傍《そば》にいた「おあにいさん」[10]に、そう頼んだりします。そして町内の若い衆はしばしば「ちょっと聞いてくれよ、こないだ、乙な年増が歩いてたんだよ」なんて話をします。

(10) 若い男性を呼ぶときに使う語。「おにいさん」にさらに御をつけたもの。「おおにいさん」は言いにくいので、言いやすく音便変化した表現。

これを聞いた客は、「乙な年増」を想像します。噺家が目鼻立ちや風姿《なり》を説明しなくても、客のほうで好き勝手に美人を思い浮かべてしまっています。こんなことができるのも、客が想像力を駆使して具体的なところを補完しているからです。

頭に思い浮かべた「乙な年増」の様子は客ごとに違うでしょう。しかし、違った想像をしたままでよいのです。その想像の下で、客は噺の世界を楽しみます。

落語を楽しむ際には、こうした「知性」が発揮されています。

知性というと、クールな思考や判断を思い浮かべがちですが、落語を聴くときに働いているのは「あいまいさを許容する知性」です。「やわらかな知性」とも言えるでしょう。客のその知性のおかげで、噺家は細かいことまで説明しなくても、噺が成立するのです。

たとえば『子ほめ』での「子どもを褒めているつもりが、そこに寝てるのはその家《うち》の爺《じい》さんだった」といった予想外の出来事や、『転失気《てんしき》』での「おならを借りて歩く」といった変な状況に対しても、「そんなことはあり得ない」「理屈に通らない」などと思ったりはしません。前章で述べた「予測からの逸脱」によって客は笑い、噺の世界を楽しみます。

落語にはとりわけ、こうした人間の「知性」を活性化させ、極限まで利用する仕掛けがあります。人間のやわらかな知性は、落語を楽しむための要《かなめ》です。

## 客の度量と共感性

第一章で述べたように、落語には予想を裏切る楽しさ（予測からの逸脱）がありますが、予想どおりに物事が運ぶことによって生じる共感という要素もあります。客には、落語のこうしたご都合主義を楽しめる度量（やわらかな知性）があります。

後者の例を挙げれば、『子は鎹《かすがい》』の親子の情や、『芝浜《しばはま》』の夫婦の情があります。登場人物の気持ちに共感し、「親はそういうもんだよなぁ」「夫婦っていいもんだよなぁ」と客が感じるものです。登場人物が、客の予想を裏切らずに庶民の体験に寄り添うかのように振る舞えば、客は自分のことのように感じられて感情移入します（こうした噺は「人情噺」と呼ばれています）。

共感とは、心理学の定義では「他者の立場に置かれた自分を想像して、他者の感情を推論し、他者が有する感情状態を共有する体験」とされています。つまり、単に相手の置かれた状況がわかるという以上に、その立場になったとしたら、どんなふうに世界が見えて、どんな感覚を味わうのか、そしてどんな気持ちになるかを推し量ることです。

こうした推論を行うためには、少なくとも次の三つの能力が必要です。それは、①物語の流れを理解する能力、②登場人物の立場を想像する能力、③感情や身体状態を自分のことのように感じる能力です。いずれも、「いま・ここ」の自分から離れることが前提になります。

落語にはまれに、崇高な理想を掲げたり、高潔な信念を貫いたりする登場人物も現れますが、多くは、弱さや愚かさをもった等身大の人間です。博打《ばくち》で一文無しになったり、家賃を払わなかったり、酒を飲んで失敗したりします。ウソをついたり、見栄を張ったりもします。

そのような登場人物に対して客は、「とんでもないやつだ」「許しがたい」などとは思いません。現実の世界では脱落者や落伍《らくご》者と思われてしまうような人間に対しても、落語の客は大きな度量を持って共感します。

人間を理性的な存在として捉えるなら、見栄や欲は余分なものに感じるかもしれません。しかし、こうした側面は、いまから数万年前から変わらず人間に備わっていたと言われています。その理由について、認知科学では次のような説明がなされています。

見栄も欲も人間を強く動機づけ、何らかの行動を引き起こします。一万年ほど前まで人間が行っていた狩猟・採集の生活においては、見栄も欲もなく、何の行動も起こさない人はあまり役に立ちません。この意味で、現在の社会では、弱さや愚かさとして捉えられる側面も、人間が生存するために不可欠な側面だったというのです。

哲学での思考実験として、こんな比喩があります。純粋に理性的なロバが岐路に立っています。右の道を行けば餌《えさ》があります。一方、左の道を行っても餌があります。どちらも完全に等距離にあるとき、ロバはどちらかを選ぶことができずそのまま餓死してしまう、というのです。

このロバについて、「そんなばかな話があるか」と私たちは思います。そう思えるのは、人間が完全には理性的な存在ではなく、適度に折り合いをつけられるからです。それには、「右に行けばいいことがあったが、左には何もなかった」といった過去の経験や食べ物にありつけたときの「うまい！」と感じたときの身体感覚を判断の材料として利用しています。

厳密に考えれば、過去の経験や身体感覚は判断材料として現在も使えるかどうかはわかりません。しかし、こうした推論の偏《かたよ》りがあることで、私たちは瞬間的に、かつ、ある程度妥当な判断を下すことができるのです。近年では、このように理性と感情が互いに機能を補い合っているという考え方は、ソマティック・マーカー（「身体感覚につけられた目印」の意味）仮説として知られています。(1)

落語の登場人物の名前は固有名詞ではなく、行動傾向をざっくりと指し示す「ステレオタイプ」を喚起するものだと前述しました。それゆえ、「八五郎《はちごろう》」や「与太郎《よたろう》」という名は、言い換えれば、どんなソマティック・マーカーを使って判断を下す人間なのかを示しているとも言えます。

たとえば、「八五郎」は江戸っ子の職人です。「八五郎」が指し示すのは、「江戸っ子は五月《さつき》の鯉《こい》の吹き流し、口先ばかりで腸《はらわた》はなし」というように、しゃべる言葉は荒いかもしれないが、気持ちはさっぱりとしているという行動傾向です。そしてこの人物は、〝直近の納得感〟というソマティック・マーカーを利用しているようです。なぜなら、納得いかないことがあれば口をついて出てきてしまいますし、反面、あとでぐちぐち言うようなことはないからです。

このうえで、演目ごとに少しニュアンスが加わります。たとえば、教わったことをすぐ人に試してみようという好奇心を持つ（『子ほめ』）、喧嘩《けんか》っ早い（『天災《てんさい》』）、妹が嫁に行ったことを素直に喜ぶ（『八五郎出世《はちごろうしゅっせ》』）といったニュアンスです。

あいまいさを許容する「やわらかな知性」を備えている落語愛好家の多くは、こうした

（11）原著は Antonio Damasio. *Descartes error: Emotion, reason, and the human brain.* Avon Books, 1994. 日本語版も刊行されています（アントニオ・ダマシオ『デカルトの誤り―情動、理性、人間の脳』ちくま学芸文庫、二〇一〇年）。

演目ごとの登場人物の行動から、「八五郎」の立場に置かれた自分を想像し、その立場からはどんなふうに世界が見え、どんなふうに感じられるかを想像し、共感することができます。

見栄や欲も含めて、自分が客として体験する「いま・ここ」の世界を離れて、登場人物の身体感覚や感情を想像することができるのです。

## 「遊びのフレーム」としての落語

客の想像力と共感性[参30]に噺のおもしろさの一端が委ねられているという点を、噺家の視点を入れながら、もう少し深く見ていきましょう。

この話をするときには、新たな視点を導入すると見通しがよくなります。

それは噺家と客の「遊び」という視点です。

米国の文化人類学者グレゴリー・ベイトソンは、「遊び」の研究で、複数のコミュニケーション状況の切り替わりを、初めて体系的に論じました。

ベイトソンは、複数の子どもたちが一緒に遊んでいる場面を観察し、子どもたちが遊びとして参加しているコミュニケーション状況に「遊びのフレーム」と命名しました。

ベイトソンが観察したところ、幼稚園の年長を過ぎた子どもたちは、「遊びとしての言動」と「遊びの世界が壊れないように維持・管理するための言動」をうまく使い分けていました。

遊びとしての言動では、たとえば、積み木を手に取って「もしもし」と電話をかけるふりをします。もちろんこれは、目の前にある積み木を電話に見立てています。子どもは、「いま・ここ」の世界を超えて、遊びとしての世界を想像しているのです。こうした言動をベイトソンは、「フレーム内発話」と呼びました(12)。

周りの子どもたちも、その様子を見て、想像力を働かせることで電話遊びに参加します。周りの子どもたちもまた、電話だと思ってはおらず、それが遊びであり電話をかけているふりをしているのだと理解しています。

そうこうして遊びは続くわけですが、子どもたちはつねに変化を求めます。遊びに変化をつけたい子どもは、他の子どもを巧みに説得し、誘いかけながら新たな遊びを作り上げていきます。

---

(12)　フレームという語は、さまざまな研究者によって用いられています。認知科学では、マーヴィン・ミンスキーが提唱したフレームが有名ですが、これはベイトソンのいうフレームとは別のものです。

たとえば、電話代わりにしていた積み木を指さして、「ねぇねぇ、これコップにしようよ」と言ったりします。この子どもは、いまある遊びの見立てから別の見立てへと移行するよう誘っています。

この発言は、遊びの枠組み自体に言及して、遊びの内容を維持・管理しようとしたものです。ベイトソンは、これを「フレーム外発話」[参31]と呼びました。

つまり、現在参加している遊びのフレームを基準に、その内と外が分けられると指摘しました。この見方によって、子どもたちが遊びの中で示す行動の意味を解釈できるようになりました。

ベイトソンは、この観察に基づき、一見すれば無秩序に見える子どもたちの遊びにも、それを支配する組織化されたフレームがあると指摘しました。そして、子どもたちはフレームの中で遊んでいたかと思えば、次の瞬間には、フレームを俯瞰《ふかん》して調整することができると示したのです。要するに子どもたちは、フレームの内と外を自由に行き来して、コミュニケーション状況を切り替えることができるということです。

「遊びのフレーム」を適切に扱うことができるのは、発達心理学の立場から言えば、子どもたちが想像力を活かして目の前にあるものを別のものに見立てる能力を有しているからです。加えて、相手に気持ちや意図があると理解する能力、さらには、相手の意図をくんで合わせる能力といった、さまざまな能力を子どもが総合して発揮しているからです。

これは、他者の心を推定するという面での人の知性が、ごく幼いときから発揮されていることの好例です。

大人の遊びである落語には、子どもたちが遊びのときに使うこうした知性が、そっくりそのまま発揮されています。

噺家が扇子を手に取り、耳元にやって「もしもし」と言ったとします。客は、噺の世界の人物が電話をかけているのだと思うはずです。噺家が扇子を電話と勘違いしたとは思いません。これは、子どもの「ふり遊び」と同じです。落語の表現は、子どもたちが想像力を活かして目の前にあるものを別のものに見立てる能力の延長にあります。

噺家が今度は、扇子の中ほどを親指と人差し指でつまんで、細い方を口元に持ってきたらどうでしょう。キセルをくわえるのだと思うはずです。

ここでは、先の子どものように「キセルにしようよ」と噺家が言葉にすることはありませんが、客のほうが暗黙の提案を受け入れ、煙草《たばこ》を喫《の》んでいると想像します。

落語は、子どもが発揮していた、相手に気持ちや意図があると理解する能力および相手の意図をくんで合わせる能力の延長にあります。

つまり落語は、噺家と客が参加する一種の「遊び」なのです。

## 海外発、落語コミュニケーション論

こうした噺家と客のあいだのコミュニケーションを、社会言語学の観点から論じた文献があります。社会言語学者であるメアリー・サンチェス[参32]は、落語の分析にベイトソンの言う「遊びのフレーム」の観点を取り入れて[13]、落語の分析を行いました。

落語のコミュニケーションの研究が海外発で行われていたことも、それがすでに一九七〇年代に行われたことも驚きです。当時日本では、落語評論が盛んになり、研究としては、落語のオチの分類やクスグリの語用論的分析が始まったばかりのことです。

サンチェスは、噺家と客が表立って直接やりとりすることを、メタ・コミュニケーションと呼びました。落語のマクラ→本編→オチという組み立ての中で言えば、マクラの部分です。

メタとは、「〜を超えて」とか「〜の上に」という意味を表す接頭語です。認知科学でよく耳にするメタ認知と言えば、認知についての認知のことを指します。

---

(13) 厳密に言えば、サンチェスは、社会学者アーヴィング・ゴフマンがベイトソンから継承したフレームの理論で説明しています。しかしフレーム内外の関係については、基本的には共通の観点から論じられています。

つまり、サンチェスの言うメタ・コミュニケーションとは、コミュニケーションに関するコミュニケーションという意味です。ベイトソン流に言えば、「遊びの世界が壊れないように維持・管理するための言動」のことです。

それでは、この場合のコミュニケーションとは何でしょうか。

サンチェスが言うには、それは噺の登場人物同士のコミュニケーションです。本編が始まって行われる、会話を基調にしたやりとりがこれに相当します。

落語好きの感覚から言えば、噺家と客のコミュニケーションがまずあって、登場人物のコミュニケーションがそこに埋め込まれていそうですが、言語学の発想ではそうではありませんでした。(14)

遊びのフレーム理論がベースになっているサンチェスの考えでは、落語本編はフレーム内の「遊びとしての言動」ですから、これがコミュニケーションなのです。

と、ここまでの議論で、ようやく噺家と客のコミュニケーションについて論じるための道具がそろいました。

(14) 事実、『落語の言語学』(平凡社ライブラリー、二〇〇二年)で著名な野村雅昭《のむらまさあき》氏は、噺家と客を基準にして、登場人物のやりとりが内包されている形でモデル化しています。

ここからは、噺家と客のコミュニケーションに着目し、マクラやオチの働きを明確にしていきます。これらの分析から、噺家と客とのあいだにはコミュニケーションがあるという前提に立ったときの、落語のうまさとは何か、という当初の問題に戻っていきましょう。

## 傍観者から参加者へ

まず、「遊びのフレーム」という観点から、マクラの位置づけを正確なものにしましょう。

落語で、本編に入る前の短い冒頭の話のことをマクラと呼ぶことは前述しました。マクラでは、来場した客への挨拶《あいさつ》や自己紹介などが行われます。加えて、マクラはオチの仕込みにも使われます。

ここでの仕込み[参33]というのは、オチを理解するのに必要な知識を提供するために、関連ある用語に触れておくことを指します。かつては通じていたオチのセリフが、時代の移り変わりによって一般的ではなくなり、そのままでは意味がわからないという場合には、仕込みが必要になります。

仕込みは、第一章で紹介したスキーマとして働きます。スキーマとは、発言や行動を理解する助けとなる、ひとまとまりの知識のことでした。つまり、マクラで話すことによって、オチの意味がわかりやすくなるということです。

たとえば、『居残《いのこ》り佐平治《さへいじ》』では、オチで「おこわにかける」という表現が出てきます。若い衆が「旦那《だんな》の頭が胡麻塩《ごましお》ですから」と言ってオチになります。

そのままでは意味がわかりませんので、マクラで、「『おこわにかける』とは、『お強にかける』と書き、だますとか一杯くわすという意味」ということをあらかじめ話しておく場合があります。若い読者のために付け加えておくと、「おこわ」は、もち米を蒸したもので、代表的なものに赤飯があります。

そうした役割を担うマクラですから、この演目（本編）にはこのマクラがつきもの、というおおよその組み合わせがあります。

ところが、仕込みが必要な噺は、じつはそう多くはありません。にもかかわらず、しばしばマクラは振られます。仕込みを含まない多くの場合には、小咄《こばなし》がマクラに用いられます。小咄とは、短い話という意味で、地口《じぐち》（語呂合わせ）を使った洒落《しゃれ》や二、三回程度の会話のターンで終わる噺のことです。長い演目の一部をごく短くして小咄にする場合もあります。小咄は、簡潔であり、客の気楽な笑いを誘います。

噺家の自己紹介や小咄のような「仕込みでもなんでもないマクラ」が語られる理由を説

明できたとき、初めてマクラの本質的な意味がわかったと言えるでしょう。

では、マクラはなぜ必要なのでしょうか。

一言でいえば、それは、客を噺の世界に誘《いざな》うためですが、「遊びのフレーム」の考え方を適用すると、マクラの作用をもっと厳密に説明できます。

噺家は高座に上がると座布団に座ります。その様子を見ている時点では、客は、まだ落語という遊びのフレームに加わっていない傍観者です。

ここで、客を落語という遊びのフレームに参加できるように促《うなが》すのがマクラです。マクラの作用によって客は傍観者から参加者になります。したがって、マクラを次のように定義できます。

噺家と客とのあいだで行われる落語という遊びにおいてマクラとは、「噺の冒頭で客をフレーム外からフレーム内に移行させるために行われる、噺家によるメタ・コミュニケーションとしての発話」です。

定義に示したとおり、マクラの主目的は、客をフレーム外からフレーム内に移行させることにあります。ですから、客を一緒に楽しむ場へ誘うということに主眼があり、仕込みは副次的な機能です。

マクラによって噺家と客のあいだにあった垣根は取り払われます。それにより、一緒に遊ぶ雰囲気が作り上げられるのです。

重要なのは、マクラの目的が噺家の誘いで客を一緒に楽しむ遊びのフレームに移行させることだという点です。したがって小咄は、あくまでそのための手段の一つにすぎません。こうした目的が達成できるなら、マクラは本編に関連する小咄である必要はなく、極論すれば、どんな内容でも構わないのです。

実際に、六代目三遊亭圓生《さんゆうていえんしょう》師のマクラ（『噺のまくら』小学館、二〇一五年）や小三治師のマクラ（『ま・く・ら』講談社文庫、一九九八年）をそれぞれ集めた書籍が出版されていますが、その内容は必ずしも本編に関《かか》わるものだけではありません。

## マクラの働き

たかだかマクラのことを、こんなに小難しく言う必要があるかと思われている方もいるでしょう。しかし、いま私が示した定義によって、マクラの機能をうまく説明することができます。

まず、どんなときにマクラが必要なのかを説明できます。

客には、落語通もいれば、初めて落語を聴くという人もいます。客席に初心者が多く含まれているような場合は、客が戸惑うことなく遊びに加われるように導くほうがよいでしょう。そのためには、いきなり本編に入らずマクラが必要です。

言うなれば、遊びの輪の外にいる人を輪の内へと誘う発話として「どうぞお入りなさい」と言うようなものです。遊びにつきものの定型の文句として、その一言があるだけで、初めての人も遊びに参加できます。

仲入《なかい》り後にも、マクラは必要です。

仲入りは、前半と後半のあいだに入れる休憩です。客は思い思いに過ごし、いったん遊びのフレームの外に出ていますから、また次の一席に備えて、マクラは必要不可欠です。マクラがあることで、客は遊びのフレームに戻り、再び落語を楽しむことができます。

先に示したマクラの定義は、マクラが必要なときばかりだけではなく、マクラが不要なときについても説明します。

定義に従えば、噺家と客とのあいだに遊びの了解ができあがっているのなら、マクラは不要だということになります。

たとえば、仲入り後、主任《とり》（興行の最後に出演する者）の前の出番のことを「ヒザガワリ」と呼びますが、この出番では、前からの流れで客が遊びに参加する姿勢ができていることが多く、そうであればマクラは必要でないこともしばしばあります。

マクラと本編とのつなぎ目は目立たないほうがよい、と考える噺家がいます。こうした美学は、遊びのフレームという観点からも、支持できます。というのは、つなぎ目が目立たない演出には、客を噺の世界に引き込む、強い力があるからです。

人が物事に没頭するとき、「さあ没頭するぞ」と言ってスタートラインを決めることはまずないでしょう。好きなことであればおのずとその世界に入り込み、いつのまにか没頭状態になるものです(15)。

本編とのつなぎ目が目立たないマクラは、こうした状況を擬似的に作り上げています。つまり客は噺家の主導で噺の世界に誘われるのですが、客の主観としてはそうではなく、いつのまにか噺に聴き入ってしまったという体験をすることになります。

『お菊《きく》の皿《さら》』（別称『皿屋敷《さらやしき》』）は、定型としてこうした演出が行われます。夏の話題や怪談にまつわるマクラを聴いていると、いつのまにか若い衆が隠居に皿屋敷に出る幽霊について尋ねる本編に入っています。

こうした客へのサービスを、ことさら説明するでもなく、さらっとやってしまうことが、江戸落語の伝統では粋《いき》なものとして大事にされてきたのだと推察しています。それが

(15) 心理学者ミハイ・チクセントミハイが提唱したフロー（flow）状態として知られています。

マクラと本編とはつなぎ目が目立たないほうがよいという美意識につながるのだと、私は考えています。

## オチの分類は楽屋から

落語では、オチによって、噺の終結が示されます。そのため、落語を落語として成り立たせている重要な要素であるように感じられてきます。この問題意識から、これまで落語のオチについては、いくつか研究が行われてきました。

その代表例は、落語のオチの分類です（終章を参照）。こうした研究の結果、オチにはいくつかの類型が与えられましたが、その一方でいくつもの例外が残りました。また、オチの分類が直面した困難として、一つの噺が複数の分類名を与えられることもありました。

一例として『死神《しにがみ》』のオチが挙げられます。自分の余命を表しているというロウソクが短くなっているのを見た主人公が、新たなロウソクに火を移し替えさせてほしいと死神に懇願するシーンがあります。

演者によってオチの演出はさまざまですが、六代目圓生師の『死神』では、ロウソクの火が次第に弱々しくなり、消えたかというとき、ばたりと主人公が前に倒れ込みます。

これは、しぐさがオチになっているということに注目すれば「しぐさオチ」です。しかし、その一方で、倒れ込んだことについて説明はありませんから、客のほうで考えて「男は亡くなったのか」と理解を補う必要があります。その意味では、「考えオチ」の一種とも言えます。

このような例はほかにもあり、オチの分類をどんなに突き詰めていっても、結局のところ、できあがるのは長いリストだけでした。しかも、それらのリストからは、落語のおもしろさについての新たな解釈や説明方法は生まれませんでした。

こうなってしまう理由は、分類の視点が一つに定まっていなかったからです。

分類する元になった噺のオチの呼び方は、楽屋内の符牒《ふちょう》を基にしたものでした。符牒は、楽屋内での会話などが円滑に回るように作られています。ですから、オチを特徴づける目立つ要素に名前を付けます。体系的な分類になるとは限りません。

実際、これまでのオチの分類では、複数の次元で名前が付けられています。

オチのセリフが駄洒落《だじゃれ》になっているものを「にわかオチ」と言いますが、これは、オチの論理構造に着目した命名です。芝居の幕切れに拍子木がチョンと打たれて終わるように、突如幕切れが来て落ちてしまう「拍子オチ」というのもあります。これは、演じ方に着目しています。一方、マクラで仕込みが必要なのは「仕込みオチ」で、もはやオチ自体ではなく、オチを理解してもらうための演出方法に着目しています。繰り返しになりますが、こうした呼び名は、分類に適したものではありません。よく似たプロセスで成立してきたのが演目名です。

噺家たちは楽屋で、『二番煎じ《にばんせん》』『一目上がり《ひとめあ》』など、オチを指し示す言葉や代表的なクスグリに着目して演目を呼んでいました。

寄席では多くの場合、どの落語を演じるかは、出番を控えた噺家がその場で決めます。根多帳《ねたちょう》（その日すでに演じられた演目一覧）を見て、自分よりも前に高座に上がった噺家が演じた落語や類似の落語を避けて、その日の演目を決めます。「もう与太郎噺《よたろうばなし》、泥棒噺は出たから、夫婦の噺にしよう」などと考えて決めます。主要な登場人物のキャラクターや噺の展開が似ているものを避けて、客が飽きないようにするのです。

根多帳に『つる』という演目が書かれていたとします。その場合は、同じ「根問《ねどい》もの」（物事の由来や意味を物知りだと言われる人に聞きに行く筋の噺）だと噺が「つく」（符牒で「似た内容の演目が重複してしまう」という意味）ので、『やかん』はできない、じゃあ『出来心《できごころ》』でも演《や》るか、といった具合に決めるのです。

オチについても、オチの類型を「にわかオチ」「拍子オチ」などと、呼び分けて意識するのは、客を飽きさせない工夫として楽屋では便利だったことでしょう。

そうした目的で使われ出した呼び名を下敷きにして、研究としてオチの分類をすることは、じつに不毛だと私には思えます。それは、桂枝雀師が指摘するように、こうした分類には、分類するための視点に一貫性がないからです（終章を参照）。

とはいえ、オチの分類に適した視点を提供することは本書の目的ではないので、他の落語研究者に任せ、噺家と客とのコミュニケーション論に戻ることにします。落語という遊びのフレームの観点から、オチとは何か、そして、なぜオチが必要なのかについて考えてみましょう。

## 終結の宣言

オチは、落語の中でどういう役割を果たしているでしょうか。

「遊びのフレーム」という観点で、マクラ↓本編↓オチという落語の組み立てを再度検証すると、次のことがわかります。

噺が始まると、噺家はマクラで客をうまくフレーム外からフレーム内に誘い込みます。こうして本編が展開しているとき、噺家は、噺家としてではなく、登場人物の一人として話しています。

そうこうしているうちに、噺家が特定のセリフを言ったり、しぐさを見せたりすると、噺はそこで終わります。これがオチです。

しかし、こうした典型的な終わり方だけが落語の終わり方ではありません。落語には複数の終わり方があります。

この事実が、オチが持つ本当の役割を明らかにしてくれます。

結論めいたことを言えば、落語は噺家が噺家として終結を宣言すれば終わるものであり、それがあれば、必ずしもオチをつける必要はありません。

例を挙げましょう。

前述したように、寄席の場合は複数の噺家が高座に上がるため、それぞれ持ち時間が決まっています。その持ち時間内に噺をおさめるには、噺の途中で切り上げなければならない場合があります。

そういうときには、やや早口になり、人物転換のテンポを高めることで盛り上げていき、そこで、勢い「冗談言っちゃいけねぇ」といって、終わりにすることもしばしばです。近年では、こうした終わり方を「冗談オチ」と呼ぶのも一般的になってきました。

ほかにも、持ち時間を演じて、その後に人気の演者が控えている場合には、「おあとがよろしいようで」とつなぐのも、いままでは落語の終わり方の一例として知られています。

また、長い噺を途中までで切るときは、演者による説明として「このあと、男は心中のための刀を買いに、刀屋へ行くという。物騒なところへ続きます。『おせつ徳三郎《とくさぶろう》』の上《じょう》の一席でございます」などと終えることもあります。

こうした結びの言葉は、通常オチとは別物として扱われていますが、私は、落語という遊びのフレームの視点からは、典型的なオチも結びの言葉もまったく同じ機能を果たすと考えています。

その機能とは、噺の終結を宣言する働きです。登場人物の言動として行われるにせよ、噺家による言葉になるにせよ、それらの言動が「遊びの時間がもう終わりなのだ」ということを示すのです。

## 「終わったの？」という戸惑い

噺の冒頭にマクラで噺家が客をうまくフレーム外からフレーム内に誘い込みます。そして噺が終わるときには、噺家は客をフレーム内からフレーム外に押し戻します。この役割を果たすのがオチです。

この視点に立てば、オチを次のように定義できます。

すなわち、噺家と客とのあいだで行われる落語という遊びにおいてオチとは、「噺の最後で客をフレーム内からフレーム外に移行させるために行われる、噺家によるコミュニケーション、そしてメタ・コミュニケーションとしての言動」です。

まず定義の前半、「客をフレーム内からフレーム外に移行させる」というところに注目してください。

噺が結びの言葉の「〜（演目名）の一席でございます」でお開きになることは、うまく説明できます。「以上、〜という噺でした」という形で、直接的に終結に言及しているからです。また、「おあとがよろしいようで」という場合にも、噺家が自身の言葉で、噺の終結を暗に示しています。

続いて、定義の後半、「噺家によるコミュニケーション、そしてメタ・コミュニケーションとしての言動」に着目してみると、結びの言葉は、噺家と客とのあいだで交わされていますから、メタ・コミュニケーションに相当します。

つまり、噺家のほうでもって自発的にフレームの外に出て、客に直接告げるという形式をとっているということです。したがって、「〜の一席でございます」や「おあとがよろしいようで」のような結びの言葉は、本章で定義したオチに含まれることがわかります。

そして、いよいよここからが本題です。

落語には、ここまで述べたわかりやすい終わり方以外に、噺の終結がフレーム内発話によって示されることがあります。つまり、登場人物同士のコミュニケーションとして示されるということです。たとえば『芝浜』の亭主の「よそう、夢になるといけねぇ」とか、『愛宕山《あたごやま》』の主人公の「あぁ！　忘れてきた」などがそれにあたります。

この場合、登場人物のセリフをきっかけに、噺の終結が示唆《しさ》されます。「このあと、どうなったの？」と聞かれても、「もうこれでおしまい、これ以上何もないよ」ということが暗に示されるのです。

落語をよく聴く読者なら、当たり前のことで釈迦《しゃか》に説法《せっぽう》でしょう。しかし、これは、あくまで噺家と客とのあいだの約束事にすぎません。事実、落語を初めて聴く客は終わったことがわからず、「え？　終わったの？」とオチに戸惑うことはよくあります。

落語初心者にとってみれば、冒頭ではマクラがあって、噺家自身が主導権を握って噺が進んでいくのに、終わりの部分では、噺家自身の口から終結を宣言していないように見える（聴こえる）からです。

これは、日常生活では出合わないタイプの会話の終結ですし、もっと言えば、他の舞台表現でも見かけません。演劇などでは、典型的には幕が下りたり、照明が暗転したり、というように、外的なサインによって物語の終結を示すからです。

つまり、落語のオチが特殊なのは、フレーム内からフレーム外への移行を、登場人物の発話によって実現するというところにあります。言い換えれば、登場人物の言動がそのまま、噺家が担うべき噺の終結を示す役割も果たしているということです。

## 転換装置としてのオチ

『真田《さなだ》小僧《こぞう》』でオチとされる「うちの真田も薩摩《さつま》へ落ちた」という発言には、結びの言葉の要素はまったくありません。それなのに、なぜ客はそこで噺が終わるとわかるのでしょうか。

オチでは結びの言葉の要素が入っていないのに、終結の役割を果たせるのはなぜか。

この疑問に私は、二種類のコミュニケーションの転換、つまり一つのコミュニケーションから別のコミュニケーションへの転換が、登場人物の言動をオチにすると答えます。

噺の本編では、登場人物同士のコミュニケーションが表舞台に現れています。ところが、オチの一言をきっかけに、噺家と客のあいだで行われているメタ・コミュニケーションが前面に現れます。

落語という遊びのフレームに注目すると、オチによる転換をきっかけに、これまでフレーム内にいた客は、フレームの外に追いやられてしまいます。つまり、客は噺が始まる以前の状態に引き戻されるのです。

これは、マクラを聴いて「落語の世界」という夢に入っていたという比喩を使うなら、オチで叩き起こされて、現実に戻るということです。

オチという、遊びの終わりを告げる目覚まし的な発話は、回り舞台のように、表舞台と舞台裏を入れ替えます。オチをきっかけに、登場人物同士のコミュニケーションが繰り広げられる噺の世界が裏へ隠れ、その代わりに噺家と客とのメタ・コミュニケーションが前面に現れるのです。

落語のオチは、こうした作用を、最後のセリフあるいは所作によって示します。しかもそれは、ほとんどの場合、一瞬で完結します。

その意味で落語のオチは、非常にドラマチックなのです。

このように、オチを「コミュニケーション状況を転換する装置」として捉えると、落語についての理解がまた一段と深まります。

第一に、オチで用いられる手法の意味が理解できるようになります。

たとえば、「拍子オチ」とは、拍子木を打つようにそこで急に幕切れになるオチのことです。噺家もそれを意識して、最後のセリフで急に幕切れを感じさせるように演じます。

また拍子オチの「急速な幕切れ」という感覚は、「コミュニケーション状況を転換する装置」によって二つのコミュニケーション状況が、急速に転換することによって生じる心理的効果だと説明できます。つまり、転換があまりに急なので、登場人物同士のやりとりの余韻が残っているのに、客としては一瞬で現実に引き戻された感じを受けるのです。

「考えオチ」は、最後のセリフを聴いて、一呼吸置いてオチの意味がわかるというオチです。「そうかなるほど」とようやくオチの意味を理解してあたりを見回すと、どこにも登場人物はおらず、現実の世界に引き戻された客だけがそこに残されます。

こうして、二種類のコミュニケーションの転換としてオチを位置づけることで、オチのときに客が受ける感覚、体験を解釈できるようになりました。遊びのフレームという視点により、従来はさまざまに分類されてきたオチの作用を理論的に説明できるようになったということです。

逆はありません。多種多様なオチの分類カテゴリーがあるだけでは、そこからコミュニケーションの転換という観点が現れることはないのです。

## 終結を示すサインはあるか

ここまでオチについて、「遊びのフレーム」という視点から語ってきましたが、あえて批判的な立場から別の可能性も探ってみることにします。

一つのアイディアは、オチとなる言葉がじつは終結を示すサインを含んでいるのではないか、ということです。もし、この考えに従うなら、オチには演劇でいう幕や暗転に相当するサインが含まれていなければならないという帰結になります。

しかし、こうしたサインがオチの言葉に含まれる可能性は低いでしょう。なぜなら、落語では、どんなセリフでもオチになりえるからです。

落語では、噺家が時間の都合で噺の途中でも終えることができます。もしオチに特別な終結のサインがあるなら、別の言動に即座に置き換えたりすることはできないはずです。つまり、オチは噺の構造（噺の仕掛け）には依存してはいないのです。

ただし、終結を示すサインというほどではありませんが、演じ方の工夫として、終結らしさを演出するということは行われています。たとえば、「冗談オチ」では、ただのツッコミのセリフをオチだと感じさせる演じ方を伴います。

噺家は、定型のオチではなく噺を途中で切って終えようとするとき、オチに向けて次第に会話のテンポを速め、声を大きくしていきます。こうして作られた盛り上がりがあって初めて「冗談言っちゃいけねぇ」の一言で噺が終わった印象を与えることができます。

冗談オチの盛り上がりについては、文だけでは説明が難しく、実際に落語を聴くのが手っ取り早いので、興味があれば注意して聴いてみてください。

ここまでの議論をまとめると、次の説明が妥当だと思われます。

落語本編の終結は、演出によって創り出すことができます。しかし、通常はオチという定型の言動によって実現されています。両者を包含する包括的な定義で言えば、やはりオチとは、「コミュニケーション状況を転換する装置」となります。

## 落語通とのメタ・コミュニケーション

登場人物同士のコミュニケーションと、噺家と客とのメタ・コミュニケーションが回り舞台のように転換するというアナロジーを使って、落語のマクラやオチを説明してきました。

マクラから本編に入るとき、噺家と客のメタ・コミュニケーションから登場人物同士のコミュニケーションへ向けて転換します。対して、オチでは逆に登場人物同士のコミュニケーションから噺家と客とのメタ・コミュニケーションへと再び転換します。

マクラやオチを「噺家―客」の関係に位置づけた定義は、これまで議論されたことのない新たな視点を提供していると思います。少なくとも私は、こうした観点から落語のマクラやオチを定義した評論を聞いたことはありませんでした。

落語を落語にするものは何かを考えるとき、回り舞台というアナロジーには、じつはそれ以上の含みがあります。

それは、一方が表舞台になっているときに、他方の舞台裏が表裏一体でいつも控えているということです。

客席から見ていると、聴き慣れないうちは表になった舞台にしか注意が向かないものですが、見巧者《みごうしゃ》になると舞台裏ではさまざまなことが進行していることにも気づくようになります。つまり、落語好きが高じて落語通にまでなってくると、登場人物の発言や表情から噺がどのように展開しているのかを理解するのと同時に、噺家による演出の意図をくみ取り、「そうきたか」などと評価しながら聴く楽しみが生まれます。

たとえば、同じ『子は鎹』でも、誰それが演るときには笑わせる軽い作りにしているが、誰それが演るときには涙を誘う人情噺に仕立てあげているなどということを、落語通は読み解くことができます。

ここまでくると、噺の内容を楽しむという以上に、「噺家が一体何を表現したいのか、そして、そのためにどんな方法を選んだのか」を感じ取るほうへと、楽しみ方の重点が置かれるようになります。落語の鑑賞が、言葉に現れる意味内容を読み取るということを超えて、広がりを持つということです。噺家がどんな哲学を持って噺を構築し、その世界を客に体験してもらうためにどんな手段を選んだのか。それらを感じ、味わうことができるところに落語の奥深さはあるのです。

表現意図と表現方法の関係を味わうことは、美術や音楽、映画など他の芸術にも共通しています。ただ、落語では二つの側面がリアルタイムに展開していくことを楽しめる点が特徴的です。

一方、噺家も、そのことに気づかないはずはありません。客が同時に二つの側面を楽しんでいるのは先刻承知[参34]です。

落語の初心者に対するわかりやすさを担保しながら、表現の意図や方法を楽しみに来ている落語通に向けた、「わかる人にはわかる」演出もしています。つまり、登場人物同士が会話をしている状況でも、噺家と落語通とのあいだでは、言外のメタ・コミュニケーションが絶えず行われています。二つのコミュニケーション状況（登場人物同士、噺家と客）が重なり合って、同時に進行していくということです。

じつは、これでも、熟達した噺家と落語好きのあいだで起こっていることの説明としては不十分です。

さらに突っ込んで、そもそも落語とは、こうした噺家と客とのあいだの繊細なメタ・コミュニケーションを楽しむものであって、それをきちんと味わえるように、その媒質となる表現として、登場人物同士のコミュニケーションが用意されている、とまで言ってしまいたいくらいです。

いかに名人と言われる噺家でも、芸やその考え方は、落語をせずに伝えることはできません。客が求めているのは、表現という媒質に触れることで、噺家の芸や信条を知るというぜいたくな体験です。

五代目古今亭志ん生《ここんていしんしょう》師が高座で寝てしまい、弟子が慌てて起こそうとしたとき、客が「寝かせといてやれ」と言ったという逸話があります。落語における噺家と客とのメタ・コミュニケーションとして見れば、客が「ただ志ん生を見ていたい」という心情も納得できます。

こうした楽しみ方ができるのも、落語では登場人物同士のコミュニケーションと噺家と客とのメタ・コミュニケーションが、同時並行して進んでいるからです。

私はこれが、落語を落語として特徴づけるものだと考えています。この点について、例を挙げながらもう少し詳しく見ていくことにします。

## 落語を落語たらしめているもの

落語は、典型的には登場人物の会話で展開しますが、『目黒《めぐろ》のさんま』や『たがや』のように、登場人物同士の会話ではなく、地《じ》の文（噺家による説明）によって噺が展開する例も少なくありません。

これを「地噺《じばなし》」と呼びますが、当然ながら噺の途中にも、噺家が噺家として客に語りかけるメタ・コミュニケーションが明示的になされます。噺が進んでいき、場面が変わるところなどで、何度も噺家が噺家としてしゃべる部分が出てきます。そうした特徴にもかかわらず、地噺は落語の一種と考えられています。

また、例外的ではありますが、登場人物同士の会話の途中で、突如噺家として話し出すことがあります。

たとえば、客の反応が悪いときに「笑っていいんですよ」と述べたり、遅れてきた客に「どうぞ前のほう、空いてます」と言って座るのを促したりする場合です。

こうした「登場人物同士のコミュニケーション中に行われる噺家としての発話」を、今回は、メタ・コミュニケーションとしての機能を持つ発話という意味で「メタ発話」と呼ぶことにしましょう。

メタ発話には、いわゆる「客いじり」のように、客をターゲットにした言い方をする場合もありますが、それに限らず、もっとマイルドに、噺家の発言を登場人物のセリフを借りて言っているように見せるやり方もあります。

そうしたメタ発話の例としては、本編の途中で携帯電話の着信音が鳴ったときに、それによって客の気が散ってしまわないように、あえて「隣は賑やかだね」などと言って、噺の世界へ客を連れ戻す発話が見られます。

地噺やメタ発話がうまく機能するのは、落語という舞台表現が、根幹においてメタ発話を許容しているからです。もちろん落語では、地噺でさえ、メタ発話としての地の文よりも登場人物同士の会話の占める割合が大きいですから、メタ発話は主になることはありません。メタ発話はあくまで「許容されている」のであって、メインにはなりえません。

しかし、落語においては、演者と観客の関係性として本質的にメタ発話が許容されている、ということが重要です。

メタ発話が許容されている落語では、前述の子ども同士の遊びでもそうであったように、噺家が二種類のコミュニケーション状況を自由に切り替えることができます。

たとえば登場人物同士のコミュニケーションの途中で、急きょ客へ直接語りかけるモードへと切り替えることができます。客に「ここは、そんなにおもしろいか？」とか「眠いなら帰りな」と言っても、落語は崩壊せずギリギリのところで成立します。

そう問いかけられた客は、驚きはするものの、(落語を楽しんでいるなら)メタ発話が現れたこと自体を非難することはありません。多くの客は、噺家による瞬時のモード切り替えに遅れないようについていくことを選びます。

こうした極端な例は、落語における「噺家―客」関係について本質的な部分を理解するのに役立ちます。まとめると、落語では、登場人物同士のコミュニケーションと、噺家と客とのメタ・コミュニケーションという二つの状況を行き来することが自然と許容されています。しかも、その行き来に、実質的に制約はありません。

会話で展開する落語を聴いているとき、じつは私たち聴衆は、登場人物の発言はおろか、噺の文脈からも自由です。何かきっかけさえあれば、同時並行して展開している噺家とのメタ・コミュニケーションに乗り換えることができるのですから。

私は、この噺家と客のあいだの約束で可能になる自在な乗り換えが、落語を落語たらしめていると考えています。

その証拠に、落語以外の多くの舞台表現では、物語の世界を壊すようなメタ発話は、厳しく制限されているか、少なくとも許容はされていません。

バレエでは、プリンシパルでさえ、突如白鳥の湖の踊りをやめて演者に戻ることはできませんし、まして客に直接語りかけることはできません。枠組みの緩やかな演劇でも、メタ発話は基本的に認められませんし、仮に認められていても、それは予想外のトラブルに対処するための、あくまで例外的な措置です。何か起こるたびに演者に戻っていては、物語は台無しになってしまいます。

落語は違います。落語では、主導権を持った噺家の誘いに乗って、客が噺の世界に遊んでいるのです。したがって、たとえメタ発話があっても直ちにその遊びの世界が壊れることはありません。もしまた噺が再開されれば、また静かに、あるいは、いそいそと遊びが始まるだけなのです。

私たちは落語の軽妙さは、噺が持つ構造に起因すると思いがちです。しかしながら、実際には、落語の軽妙さは「噺家と客との気楽な関係性」に立脚しています。その関係性とは、二種類のコミュニケーションの転換を互いに許容する自在闊達な関係です。

## 「間」は休止のみにあらず

二つのコミュニケーションが重ねて表現されている事例を示します。

それは落語の「間《ま》」です。落語の「間」は、「噺家―客」のメタ・コミュニケーションと登場人物同士のコミュニケーションの両方の役割を果たしています。

次に挙げるのは、第一章でも紹介した柳家三三《やなぎやさんざ》師による『青菜《あおな》』の一節です。ビデオ映像から文字起こしをして、所作を記録していくと、一つひとつの「間」の前後にある非言語情報がわかります。それらを丁寧に見ていきました。

植木屋が屋敷の旦那の真似《まね》をしようとしたものの、大工がそのとおりには乗ってきてくれなかったときの描写です。

植木屋は「菜はお好きか」と尋ねますが、大工は「きらいだよ」と突っぱねます。植木屋はお屋敷の旦那から覚えたばかりの隠し言葉をどうしても使いたいので、「菜のおひたしはお好きか」と聞くのですが、あまりにしつこいので大工は「だ［から］、きらいだよ」と答えます（このとき、［から］の部分は省略されていて、ほとんど聞き取ることはできません）。

植木屋「時に植木屋さん」
大工「うるせぇなお前は。なんだい」
植木屋「あなたは菜のおひたしはお好きか」
大工「きらいだよ」
植木屋「／Ｃ１／菜のおひたしはお好きか」

大工「だ［から］、きらいだよ」
植木屋「／C2／菜は」
大工「泣いてるね、おい」

この部分で、「間」が効果的に使われています。ここでは、発話がない部分が二か所にわたって現れます。それぞれC1（約五秒）とC2（約十秒）です。

一般的な理解としては、「間」は発話の休止、すなわち、ポーズ（pause）とみなされています。私は、「噺家―客」関係に位置づけられるものとして「間」を捉えているので、私の考えとは対立する見方ではありますが、C1やC2は一般的には「間」と考えられています。

ところが、三三師の表現をつぶさに記述していくと、これを単なる発話の休止で済ませることなど到底できないことがわかります。

発話が休止している最中には、言語情報はありません。そのため、休止の前後にある非言語情報に注目しました。三三師の身体の主なパーツごとに、上下《かみしも》（人物切り替えのために首を左右に振る動き）、姿勢、頭、顔・表情、右手、左手に分けて記述しました。

分析の結果は次のとおりです。[16]

［C1について］発話は5秒ほど休止するが、その間に多彩な非言語的な表現が見られた。（中略）ゆっくりと下手に向き直ると同時に扇子を持ち上げる。この他にも上体を揺らして伸びあがるのと同時にさらに笑みを増し、一度上手に顔を向けてから下手に向き直るという表現が見られる。（中略）
［C2について］笑顔になったり頬をひきつらせたり、鼻をすすりあげて目元を拭うなど様々な表情や仕草が見られた。扇子を小刻みに揺らす所作からは、植木屋が内心で焦っていることも見て取れる。

さらに三三師は、最初の五秒の「間」に至る直前には、こんな演じ方をしていました（次ページ写真）。

左手は「軽く握りこぶしを作り、膝《ひざ》の上に置いて」います。一方、右手では初め「八分《はちぶ》に開いた扇子を持って」いますが、その後、大工として話すときには「扇子を座布団の脇に軽くのせ」ます。再び植木屋になり「扇子をゆったり揺らして身体に風を送」ります。

---

（16）野村亮太・岡田猛「話芸鑑賞時の自発的なまばたきの同期」『認知科学』21（2）、226-244、二〇一四年。

**柳家三三師『青菜』より**

植木屋「時に植木屋さん」

大工「うるせぇなお前は。なんだい」

植木屋「あなたは菜のおひたしは
お好きか」

ところが一転、大工が「きらいだよ」とぶっきらぼうに言います。ここで、上下《かみしも》の動作なしで人物転換が起こり、大工から植木屋となります。

このように、非言語情報に注目すると、「間」は単なる休止ではなく、登場人物の心情を表すコミュニケーションという側面があります。つまり、噺の世界を成立させて、客に示す表現としての「間」です。

以上のことからだけでも、落語の「間」が単純な休止ではないことがわかります。

## メタ・コミュニケーションとしての「間」

フレームの観点からは、これらの「間」には、二つのコミュニケーションにおける意味が同時に込められていると解釈できます。

まず目につくのは、登場人物同士の自然な会話を成立させるものとしての「間」です。二人の会話に現れる「間」によって、自然かつ整然に、噺の世界が作られていきます。扇子を広げて扇ぐ所作一つをとってみれば、植木屋がぎこちなく扇ぐところも、大工の予想外の返しに驚きながらも平静を装って扇ぐところも、その所作の一つひとつから、登場人物の心情がよく伝わってきます。

ところが、噺家になりたての初級者がこれをやると、登場人物の会話中の「間」が不自然な長さになったり、次の言葉へのつながりがスムーズでなかったりします。こうなると、噺の世界はもはや整合性を失い、シュールな状況になってしまいます。

そうなると客は、落語という遊びのフレームに安心して参加することができません。客は落語という遊びに入ることができず、客席にいる傍観者のままです。

次に、もう一つのコミュニケーションを考えてみましょう。

『青菜』の「間」（C1やC2）には、噺家と客とのあいだのメタ・コミュニケーションも埋め込まれていることがわかります。なぜなら、発話の休止が、日常会話としてはあまりにも長すぎるからです。

通常、十秒ものあいだ無言だと、いわゆる「間が持たない」と感じます。しかし、落語では、客はその時間を存分に楽しむことができます。演者が発話せずにいるあいだも、意味で満たされた無音の表現を解釈し続け、演者から発せられるメタ・コミュニケーション上のメッセージを読み解いているのです。

「噺家―客」のメタ・コミュニケーションとしての「間」は、客に噺を楽しませるための効果を持ち、その作用が客の注意を引きます。表舞台では、植木屋と大工の会話が繰り広げられていますが、その舞台裏では同時に三三師が客に向けて、見せ場を作っているのです。とくにC2では、心情の変遷を多彩なしぐさや表情で表しています。これが見せ場として、客の注意を引きます。

三三師は、その日のマクラで、初心者ばかりの大学生に向けて、落語は楽しむプロセスが大事なのだと述べていました。この場面でも、そうした意識で演じられていたのだとすれば、この多彩な非言語情報による表現こそ客にプロセスを楽しむことを訴えかける「間」だと解釈できます。

噺家と客とのメタ・コミュニケーションは、必ずしも言葉としては現れません。それは噺家と客との暗黙の了解に近いものです。事実、いま紹介した場面では、先述した「メタ発話」は、見られませんでした。

もちろん、メタ・コミュニケーション上のメッセージは強く発せられていました。それがわかるのは、客の多くが噺家にじっと見入っていたからです。もしそうした意味が含まれていない休止だとすれば、客は気を抜き、噺に集中することはないでしょう。客は落語という遊びのフレームに参加しているだけなのですから、興味がなくなれば、そこから抜け出すのは自由で容易です。

十秒という時間は、通常のコミュニケーションの「間」としては長すぎます。にもかかわらず噺家を見つめていられるのは、客にとってみれば、自分に向けて発せられるメタ・

コミュニケーションのサインを読もうとしているからにほかなりません。

## 実証が困難な不可侵領域

私は、このような落語観で研究を進めてきましたが、こうした見方は、研究の世界でも、また落語評論の場でもほぼ誰とも共有していませんでした。ですから、当初は、落語研究の勘どころを、うまく説明できずにもどかしい思いをしたことが何度もあります。

いま述べた、落語の「間」には、登場人物同士のコミュニケーションとしての「間」と、噺家と客とのあいだのメタ・コミュニケーションとしての「間」が重ね合わされているということもうまくは伝わりませんでした。

「間」の二重性に関して日本笑い学会で言及したときも、なかなか理解してもらえませんでした。噺家の表現に二重のコミュニケーションが重ねられているといっても、うまく伝わらなかったのです。

これまで行われてきた落語研究を眺めてみても、状況は同じです。

落語の先行研究は、その多くが登場人物同士のコミュニケーションを私たちの日常会話と同一視してきました。その結果、日常会話に関する知見を、落語の分析にそのまま適用しています。

確かに、そうすれば何かしら成果が得られますし、それなりに納得できる知見は得られました（終章を参照）。

しかし、落語が登場人物のコミュニケーションのみで成立しているかのように扱っていては、研究はじきに行き詰まります。なぜなら、そのような研究をどんなに続けても、噺家と客とのあいだに確かに存在するメタ・コミュニケーションについて説明することは不可能だからです。

一方で、噺家と客とのあいだのメタ・コミュニケーションを含んだ研究が行われてこなかったのにも相応の理由があります。その理由は単純です。噺家と客との関係性に着目した研究は、数値化が困難だったからです。

人の感性では確かに存在を感じるのに、研究としてきちんと捉えようとすると、その存在が指のあいだからすり抜けていくかのような感覚を何度も覚えてきました。噺家と客とのあいだで、言外に行われる繊細なメタ・コミュニケーションは確かに存在するのに、どのようにそれをデータ化すればよいのか、誰もわからなかったのです。

結果的に、実証研究としては手を出すことができない不可侵領域になっていました。

しかし私は、自分が感じたコミュニケーションの存在を、なんとか実証できないかと考えました。そこで、噺家と客のつながりに着目した実験を行うことになります。生の落語に少しでも近づきたい、そういう思いが後押しをしました。

次章では、その実験内容と、現時点での成果についてご紹介していきます。

# 第三章　「まばたき同期」という糸口

## スケールの大きな問い

前章では、落語のコミュニケーションについて整理しました。これにより、そもそも落語とは、噺家《はなしか》と客とのあいだの繊細なメタ・コミュニケーションを楽しむものであるという視点が得られました。

そこから見れば、落語におけるマクラ→本編→オチという組み立ては、噺家と客とのあいだのメタ・コミュニケーションと登場人物間のコミュニケーションの転換がうまくいくように計算されていることがわかります。その転換装置となるのが、マクラとオチです。

落語本編では、登場人物同士のコミュニケーションだけが表舞台に現れますが、実際には、その舞台裏で噺家と客とのメタ・コミュニケーションが、同時並行して進んでいます。

この同時並行して進むメタ・コミュニケーションが、落語のおもしろさを決めていると私は考えます。こうした定式化を通して、落語をライブで聴くときのおもしろさに、少しだけ近づいたように感じました。

私は、大学院博士課程に在学中の二〇〇七年、研究者として「噺家はどのようにうまくなっていくのか」という問いを立てました。つまり、熟達プロセスを研究しようと考えたわけです。

最初に告白しておくと、この問いは、実証研究の問いとしては、スケールが大きすぎます。一番の課題は、その期間にあります。噺家は、十年、二十年という長い年月を経てうまくなって（熟達して）いきます。ですから、研究をするためには、少なくとも十年間は同じ噺家を追いかけていかなくてはなりません。

そもそも、少なくてもその期間は、私が研究者を続けていかなくてはならないという現実問題もありますが、それ以上に、十年以上も同じテーマで研究するとなると、別の重大な問題が生じます。

一口に十年、二十年といいますが、研究がそのように長期間にわたると、噺家が成長していくあいだ、私自身も年齢を重ね、ものの見方・考え方に変化が生じてしまうかもしれません。

加齢によって認識能力が低下することが一番の心配ですが、逆に認識能力が向上してしまっても問題です。というのは、落語についての理解が深まり、さまざまな面が見えてくるようになると、研究の初期に考えた解釈を信じられなくなってしまうからです。

私はこれを「認識問題」と呼んでいます。

認識問題に正面から挑むことは、なまやさしいことではありません。なぜなら、研究自体というよりも研究を支える研究観ともいえるものの見方・考え方自体を問い直すことになるからです。

人が世界をどんな信念に基づいて解釈するかによって、世界の見え方は違ってきます。

こんな例ではどうでしょうか。

スクランブル交差点を歩いている人を想像してみてください。おしゃれな人は道行く人の着る服を見て、色使いや素材に気づくでしょう。ところが、同じ道行くケチな人は、自分の靴の底が減らないように歩いているかもしれません。一方、子どもは人が動いてできるジャングルを抜けるのに必死です。

そう考えると、生きる人ごとに、同じスクランブル交差点にも多元的な世界があることがわかります。

研究も同じで、研究者がどんな目で捉《とら》えるのかによって、現象の捉え方は変わってきます。まして、研究者は自ら能動的に世界の在《あ》り方を問い、自分が信じたやり方で検証しようとするのですから、その手法の選び方は自然と研究者の世界観に沿ったものになります。

研究者にとって研究手法の選択は、突き詰めれば、どんな世界の在り方なら信じられ、依拠できるかを肚《はら》を決めて選[参35]ぶということです。

ですから、認識問題に取り組むには、「何を知れば知見を得たことになるか」について熟慮する必要があります。そしてその結果、新たな方法を選ぶに至れば、それはすなわち、世界を観る視点が変わったということを意味します。

言うなれば、小さな悟りを得たということです。

## ライブサイエンスを目指して

これまでも舞台表現は、学術的な研究の対象であり続けてきました。しかし、そのほとんどは、人文科学（humanities）の文脈で行われてきました（終章を参照）。そうした研究では、理性と感性を最大限に活用し、生き生きとした感覚をもたらす美的体験の原理や作用を言葉で記述してきました。

人文哲学の専門家が著した舞台表現についての本を読むと、核心をついた表現に出合うことがあります。その表現は、確かに舞台表現で体験される感覚を見事に表していると感じます。しかし、そうした議論には、避けて通ることのできない危うさがあります。

それは、時代を経ると人の感性が移ろってしまうということです。ある時代に「核心をついた」表現でも、時代が変わって感性も変われば、意味が伝わらなくなることがよくあります。

そのため、人文科学的な立場で舞台表現の研究を続けたとき、いつの時代も後世の研究者が、「これは当時、核心をついた表現だった」という注釈を付け続けなければならなくなるということです。これを避けるには、主観の世界で論じるのではなく、生の体験を客観的なデータによって示さなければなりません。

つまり、生の落語を捕まえるための学問は、感性的な議論を超えて、実証的な検証方法による科学でなければなりません。

実証的な科学の手法とは、仮説検証のための実験を指します。

まず、生の落語のおもしろさを決める要因やメカニズムについて仮説を立てます。そして、生き生きとした落語を構成する要素（たとえば演者の語りの方略や観客の視聴経験など）を変化させたとき、予想したとおりに変化するかどうかを調べるというものです。

予想したとおりではない結果になったとしても、その実験は無駄にはなりません。その実験状況では、変化させた要素が落語のおもしろさを決める主たる要因ではなかった、という情報が得られるからです。実験によって客観的なデータを取り、できるだけ後世の人々とも共有できるような形で議論を残していくことが大事です。

私は、こうした認識に立脚し、ライブで落語を聴いたときの生き生きとした感覚を引き起こす噺家のうまさ（熟達度）を客観的なデータによって説明することを目指しました。

私は最近ではこうした研究を、「ライブサイエンス（Live-science）」[参36]と呼んでいます。これはライフサイエンス（Life Science）のもじりですが、この言葉を当てたのは、両者に通底する哲学があるからでもあります。

名前の由来になったライフサイエンスの研究対象は、生命現象です。生命現象には、細胞や神経など、いくつもの要素が関与しています。しかも、それらの要素は互いに影響を与え・受けることで初めて生命現象が立ち現れてきます。これらの個々の要素を単純に組み合わせたところで、残念ながら、生命現象は生まれません。

生命現象のこうした複雑さを受け止め、敬意を払いつつ、それと同時に実証的な手法を用いて明らかにしようとするのが、ライフサイエンスです。

落語の実証研究というライブサイエンスでも、共通した構図があります。

演芸場では、噺家と多くの客が時間・空間を共有しています。噺家の振る舞いと多くの観客の反応がそこで互いに影響を与え・受けることで、生き生きとした体験が生まれます。

私がライブサイエンスを標榜《ひょうぼう》して落語の研究をするのは、研究対象である落語がさまざまな要因を含んだ複雑な現象であることを認め、知見の確かさを保証する方法として、実証的な科学の手法を用いるという宣言にほかなりません。

世界の多くの国や地域で、ライフサイエンスの研究者が生命現象の解明に取り組んでいます。それならば、私が提唱するライブサイエンスも可能だと思うのです。

私がこうした問題意識で研究に取りかかろうとしたとき、そこで改めて「落語のうまさとは何か」を規定するという根本的な問題に突き当たりました。落語のうまさとは何かを規定しなければ、噺家の熟達化について答えていくのはやはり難しかったのです。

これは、第一章で述べたように、落語研究を始めるにあたって直面した問題です。第一人者を対象に研究することでいったんは棚上げした問題が、再び顔を出してきました。

## 「落語のうまさ」とは

確かなことから、整理してみましょう。

まず、客を存分に楽しませることが噺家の本分です。これは前提としてよいでしょう。とすれば、噺家が熟達している（うまい）というのは、こうした状態を高い確率で引き起こせることだと規定しても差し支えはなさそうです。

では、存分に落語を楽しむとはどういうことでしょうか。

それは、客にとっては「ただ聴いて・見ているだけなのに、自ずと心地よく噺のリズムに包まれている」状態です。噺家によって客に強いる認知負荷[参37]（想像や理解に使う思考の量）の大小に差があるとしても、客が噺を理解し、味わうためにほどよく頭を使っている状態です。

客にとっては、噺を聴いて想像力を働かせるという意味では能動的ですが、噺家が提供する素材を想像力の材料として積極的に受け入れるという意味では受動的な体験[参38]です。客はこうした能動と受動がないまぜになった状態にあります。

こうした状態へと客を導く噺家のうまさは、具体的な演じ方の工夫として現れます。それは、声の調子であったり、際立った表情やしぐさであったり、あるいはクスグリでの絶妙な「間《ま》」の取り方であるわけです。そのいずれもが噺家のうまさを反映した方略の一つとして数えあげることができるでしょう。

しかしながら、演じ方の工夫自体を噺家のうまさそのものと同一視することはできません。なぜなら、演じ方の工夫の一つひとつは、前章で述べた客とのあいだのメタ・コミュニケーションの事例に過ぎないからです。それはどういうことでしょうか。

たとえば、前章で「三三《さんざ》師が『青菜《あおな》』のオチの前で植木屋の心情をうまく〈間〉で表現した」と述べたことを思い出してください。これは表舞台（登場人物同士）のコミュニケーションで植木屋の心情を表現し、同時に、その舞台裏（噺家と客とのメタ・コミュニケーション）で、ここが見せ場であるという言外のメッセージを客に伝えています。当然、客が落語初心者であることを念頭に置いたものです。

これは「このときはそうだった」という事例にすぎません。三三師はおそらく、落語通を前に演じるときには、同じようにはしないはずです。ベテランの客を存分に楽しませるための、別の方法を仕立てたことでしょう。

能動と受動を行き来する観客に対して、演者はコミュニケーションおよびメタ・コミュニケーションの側面から働きかけます。うまい演者は、適切なタイミングで客の反応を引き出すことに成功するでしょう。客としては、存分に楽しんでいる状況です。

このとき、客はおもしろおかしく感じて、笑い声を上げることもあるでしょうし、そうでなくとも、着席したままではありますが、心の中では活発にイメージが膨らみ、落語の世界を楽しんでいます。

こうした客の状況を噺家は肌で感じて、次の演じ方を変えていきます。演目の本編に入っていれば、「いま私の噺を聞いていますか」などと、言葉で確認することはできないので、これは演者と客のあいだのメタ・コミュニケーションとして行われています。すなわち、演者の表現と対応した客の呼吸や身体運動といった身体反応が生じることを通して、演者が察することで実現されています。

私は、演者と客のあいだに生まれるこうした一体感を「響感」と呼んでいます。状況を的確に判断して理知的に知るというよりは、肌感覚で感じ取るタイプの知覚です。

対して、うまくはない演者は観客の反応を引き出すことができなかったり、演者が予期しないタイミングで反応が生じたりします。理由はさまざまでしょうが、客が状況モデルをうまく描けなかった、見せ場がどこなのか伝わらなかった、といった場合が考えられます。

したがって、「噺家―客」関係がうまくいくのは、噺家の働きかけに客が協応しているときであるとは言えます。しかし、噺はどんどんと展開していきます。そのため、初めは噺家と客が協調していても、客がついていけずに協調関係が崩れるかもしれません。そのため、副次的には、噺家は客の反応を見ながら、時機を逃さずに次の働きかけへと変えていく必要があります。そうすることで、両者の協調関係が揺らぎながらも維持されていきます。

## 落語のビッグデータ

この協調関係は、どうすれば測定できるでしょうか。

第一の条件は、物理的な現象であることです。そうでなければ、計測することはできません。客が思う「協調している感じ」は、そのままでは計測できません。数値を紙に書いてもらうか、もっと素早い方法なら、ボリュームのつまみのようなもので、程度を評価して物理的な運動に変換してもらう必要があります。

それでは計測までに時間がかかりすぎるというのであれば、脳波を見るのも一つの手段になるでしょう。脳波は、脳内の処理に付随して生じる電気信号を増幅して測りますが、この方法では、同時に測定する人数が限られます。現時点では、せいぜい二名同時に計測するのがやっとで、多くの客の脳波を同時に計測することは容易ではありません。ただ、これは純粋に技術的な問題なので、将来的には可能になるでしょう。

もう一つの条件は、あるデータが得られたとき、十年、二十年という年月が経過して、落語の鑑賞眼や客の感性に変化が生じても、そのデータから同じ結論が下せることです。そのためには、客観的であり、かつ落語の本質に触れている必要があります。

これは、かなり厳しい基準です。人間は学習する能力を備えている以上、年月の経過に左右されずに同じ結論を下せるという保証はありません。

この二つの条件を満たすことができるのは、外的に観察できる行動です。それが意図しない行動だと理想的です。客が意図的に行動を変えさえしなければ、そのデータは噺家との関係を捉えるものとして十分信用できます。また、寄席や落語会でも客の自然な行動であれば、実験のために用意されたのではないという生態学的な妥当性があります。

生態学的妥当性とは、主として実験研究に対する批判に用いられる語です。実験では、人間が生活している状況からその一部のみを切り出して検証します。このため、実験で扱われる行動や心理現象は、日ごろそれらを成り立たせている環境とは切り離されてしまいます。先述のとおり、人間が環境との相互作用を通して知性を発揮しているという前提を置けば、実験はそうした環境との相互作用を無視した不自然な状況設定になっています。こうした状況を、日ごろ生きている生態にそぐわないという意味で、生態学的妥当性がないと表現します。

対して、ここで示したように、落語会で客が示す行動なら、実験のために不自然なことをしているわけではないので、生態学的な妥当性があると考えられるのです。

結論としては、多くの客から行動データを集める方法がよさそうです。

詳細な分析も可能ですし、また行動データは、数多く集めることができれば、その数自体が情報としての価値を持ちます。

ビッグデータという用語が聞かれるようになってから久しいですが、数十か月にわたる演芸場での自動計測により落語のビッグデータを取ることもゆくゆくは可能になるでしょう。技術的な問題は残されておらず、研究資金だけの問題なので、私もいずれ実現させたいと思っています。その際には、計測のために大掛かりな装置を用意する必要がないというのも、現実的に重要な要素です。

## 客の身体動揺に着目

落語の客が示す行動として最も共通理解が得やすいのは、なんといっても笑い声でしょう。声の中で笑い声を同定することも、それほど難しくはありません。噺家が演じる落語を聴いて笑いが起きるのですから、「噺家―客」関係における協調関係と見ることができます。

しかし、笑いを指標に用いるのには、難点もあります。客の笑い声の頻度が、噺によって変わってくるからです。笑い声は滑稽噺《こっけいばなし》では多く、人情噺《にんじょうばなし》では少ないので、笑い声の頻度を異なる種類の噺同士で単純に比較することはできません。

さらに、「噺家のうまさが客の笑いだけで決まるのか」という疑問もありますし、もっと根本的な問題があります。それは、「笑っていないときにはデータが得られない」ということです。客は落語を聴きながらつねに笑っているわけではありません。笑いの多い滑稽噺においてさえ、客が笑う時間は噺全体の半分以下です。

直接笑いを引き起こした言動だけを論じることはできますが、笑いがない場合には、何も論じることはできません。笑いが起こらなかったのが噺の性質によるものなのか、噺家の技量の問題なのか、それとも客の体調の問題なのかは客観的にはわからず、手詰まりになります。

では、客のどんな行動を測定すればよいのか。結果として私は、客の身体運動に着目しました。

人の身体は、多くの関節と筋肉、全身に張り巡らされた神経によって構成されています。単に座るという動きをするときも、身体のバランスを保つために複数の筋肉を使っています。客自身はじっとしているつもりでも、身体には小さな揺らぎが生じるのです。この身体動揺に着目することで、噺家と客の関係を見ることができると考えました。しかも、身体動揺は外的に観察できるので、脳波計や心拍計のような高価な機器は必要ありません。

身体運動に着目することには、別の利点もあります。それは、笑ったときの身体運動も同じ枠組みで扱うことができるということです。客が笑ったときには、姿勢を維持するときよりも大きな動きが生じます。つまり、客が笑い声を上げると大きな振動になるので、その動きを測定できれば、笑っているということも知ることができます。笑いの情報は、身体運動のデータに含み込まれているのです。

こうして、噺家と客との協調関係を測定するための実験を開始しましたが、最初の実験では、モーションキャプチャー技術を応用して、身体運動を特定しました。

こう書くと大仰な装置を使ったかのようですが、そのような予算はありませんでしたから、自分で装置を作りました。ヘッドバンドにピンポン球を付けたものを装着してもらい、動きを図る目印にしました。これをビデオカメラで撮影して、ピンポン球の中心がどの位置にあるかを座標のデータにしていきました。

客はただ座って噺を聴いているだけですから、能動的に動こうという気持ちはありません。噺家からの影響を受けて動きます。客が受ける作用が強いとき、その動きは大きくなります。作用といっても、もちろん物理的に客を動かすということではなく、落語の表現によって生じるおもしろさや楽しさが引き起こす作用です。

客は視覚的情報も聴覚的情報も受け取っていますから、何か一つの影響源ということではなく、周囲の客の反応なども含めた多種多様な刺激が総体として、身体運動を生じさせています。

現時点では、「噺家―客」関係の総体を捉えることはできません。それでも、少なくとも身体運動という一点において噺家の働きかけに客が協応しているかどうかについてなら調べることができます。身体運動のデータは数値で表されるので、さまざまな統計解析も適用できます。

私は予備的な検討として、落語会を再現した実験を行いました。時系列解析と呼ばれる統計手法を適用することで、噺家の動きと客の動きとのあいだには、偶然ではごく低い確率でしか生じないような（＝統計的に有意な）対応関係がありそうだと判明しました。

しかも、噺家と客とのあいだでの協調が生まれているとき、客はよく笑っていました。やはり見込みどおり、「噺家―客」の対応関係に「落語のうまさ」のカギがありそうです。

実験からどのようにして両者の関係性が見えてきたのか、専門的になりますが、少し詳しく説明しましょう。

## 集中すると小さくなる動き

身体運動データの中身は、正味、空間内での移動距離です。時間を横軸に取り、移動距離を縦軸に取ると、移動距離の大きさは上下の位置として表されます。今回は、そこから計算した角速度をデータとして扱いました。

こうした数値の上がり下がりの類似性を調べるときには、相関係数を見ることになります。一方が大きいときにもう一方も大きいという関係があるとき、「(正の) 相関」があると言います。これとは逆に、一方が大きいときにもう一方は小さいという関係があるとき、逆の関係があるという意味で、「負の相関」があると言います。

噺家と客との関係を調べるわけですから、噺家の動きのデータと客の動きのデータの関係を調べました。まず、得られたデータを使って相関係数を計算してみたところ、それほどはっきりと関係をつかむことはできませんでした。

そこで、ウェーブレット解析という方法を適用しました。これは、得られたデータをウェーブレットと呼ばれる大小の波の成分に分解したうえで、小さい波の成分から順番にどれくらい両方のデータに共通する部分が多いのかを調べるという手法です。

こちらの方法では、噺家の身体運動と客の身体運動に対応関係が見られました。

この分析では、位相差についても検討できます。「位相」とは、簡単に言ってしまうと、周期的なものが一《ひと》サイクルするのを三六〇度で考えたとき、各時点での相対的な位置のことです。ウェーブレット一つ分が一サイクルに相当します。

動きの位相がぴたりと一致すれば位相差はゼロです。つまり時間差がゼロということで、噺家の動きと客の動きが一致していることを意味します。

仮に噺家のデータの位相がゼロのところを抜き出したとします。客の運動データの位相がプラス九〇度なら、客が四分の一サイクルだけ遅れていることになります。逆に客の運動データの位相がマイナス九〇度なら、今度は客が四分の一サイクルだけ先行して動いているということです。

時間のずれを含めた解析により、この実験では一つの演目の中で、噺家が先行して動く協調関係だけではなく、客が先行して動く協調関係も確認されました。

噺家と客のあいだで身体運動の協調が生まれている場合、客はよく笑うという事実を合わせて考えると、客が次の展開を予期して先に動いてしまったとき、客が先行して動く協調関係が生まれたと考えられます。

これらの結果は、知見としては大変興味深いものでした。また、研究手法自体についても、身体運動の協調から、噺家のうまさを実証的に洗い出すという新しい発想をもたらしました。

その一方で、課題も浮き彫りになりました。客が噺に集中した際には、動きが最小限になってしまうのです。

先に説明したように、人はただじっと座っているときにも、わずかに動いています。ところが、プロの噺家の噺を聴いているときには、動きが非常に小さくなりました。その結果、私が利用した機器で測定できる精度では動きを検出できなくなりました。身体運動が小さすぎて、測定できなかったということです[17]。

これでは、客の動きは「なかったもの」になってしまいます。しかも、どうやらうまい噺家であるほど、客がじっと聴き入ってしまい、動きが小さくなるようなのです。先述の「小さな揺らぎが生じる」という前提に立つこの手法もまた、クスグリが多くある滑稽噺でなければデータをとることができなかったのです。

これには困りました。噺家のうまさをどのように捉えるか、スタートに戻ってしまいま

(17) その後、事情が少し変わっています。計測された値にゼロが続く時系列でも、関係性を定量できる解析手法が二〇一七年になって提唱されました。Hirata & Aihara, "Dimensionless embedding for nonlinear time series analysis." *Physical Review E*, 96(3), 2017.

した。

## 「そうか、まばたきだ」

その後、私は東京で研究員として研究を続けることになりました。二〇一二年に東京に着任して以来ずっと、解決の糸口を探っていました。しかし、研究手法の課題は思ったよりもずっと根が深いものでした。

東京に来てから月四回程度は寄席や落語会に通っていました。落語の芸談や評論も何度も読み返しました。速記記録も読んでいます。それでも研究にはあまり進展はありませんでした。

そうこうしているうちに、気づけば、東京へ来てまもなく一年がたとうとしていました。

二〇一三年二月のことです。わらにもすがる気持ちで実験寄席の映像を見返していました。これは東京に来て最初の年に行ったときのものです。

演者を見て、客を見て、何度見返したことでしょう。まさに寝ても覚めても落語の研究手法ばかりを考えていました。

そんなおこもり生活を続けて二週間ほどたったある朝、私は目が覚めてふと気づきます。「そうか、まばたきだ」と。「いや、まばたきなのか、どうなんだ」と思わずつぶやきました。

そこで、寝床から這《は》い出して映像を見直してみました。落語を聴く客のまばたきに注目して映像を見てみると、それはどうやらランダムではなさそうです。さらに見ていくと、客のまばたきが起こりやすいところがあるようにも見えます。しかもそれは、多くの客に共通しているように見えました。

「まばたきの起こりやすさが同期しているのかもしれない」と考えました。すぐに学術用の検索サイトで文献を調べると、大阪大学などの研究グループによって「まばたき同期」と呼ばれる現象が最近になって指摘されていることがわかりました。

人は通常、無意識にまばたきをしています。ところが、熟達したうまい噺家ともなると、その現象もコントロールする力があるのかもしれません。

熟達した噺家の口演が、客を話に引き込む力は、客の視線行動を同期させるかもしれない……。そこで私は、次の仮説を立てました。

「噺家の熟達の程度を、客のまばたきから知ることができる」

端的に言えば、まばたきが、噺家と客との協調関係を客観的に示す行動指標になるかもしれない、ということです。

もし、落語を聴く客のまばたきの頻度が変わることが単なる偶然ではないとしたら、それは噺家の表現によってもたらされることになります。

噺家の表現力は熟達していくうちに磨かれていくものです。噺家が熟達していけば客のまばたきパターンをよりうまく誘導できるようになるというのは、不合理な考えではありません。

研究者が客観的に観察でき、かつ定量化できる客のまばたきから、噺家の熟達度を推定できる可能性があることを意味します。

## まばたきを記録する地道な作業

仮説が正しいかどうかは、試してみなければわかりません。

「噺家の熟達の程度を客のまばたきから知ることができる」という仮説には、暗黙の前提があります。言い換えれば、一定の条件が満たされなければ、この仮説は成り立ちません。

具体的には、次の条件が満たされる必要があります。

第一に、まばたきがある時点に偏《かたよ》って生じるという現象が、落語に普遍的に見られることです。つまり、誰か特定の噺家のときだけに起こることでもなく、また、どれか特定の演目のときにだけ起こるものではないということを保証しなければなりません。

第二に、噺の内容に対応しているということです。まばたきは、急に音が鳴ったり光が差したりといった種々の刺激への反射としても起こります。ですから、落語とは関係のないそうした刺激に対して生じているのではなく、噺と対応して起こっていることも条件の一つです。

第一の条件、第二の条件について保証ができるかを、観察法を用いて調べることにしました。

そこで活用したのが、実験寄席で客席の様子を映した映像です。もちろん、実験をする際に許可を得て撮影したものです。

桂宮治《かつらみやじ》さんの口演『お見立《みた》て』と、春風亭昇々《しゅんぷうていしょうしょう》さんの口演『初天神《はってんじん》』を対象にしました。

このときには手作業でまばたきを特定しました。東京大学落語研究会のメンバーにアルバイトの協力を仰ぎ、会話分析でアノテーション（注目する行為や発話に注釈を加えること）を行うためのソフトウェア（ＥＬＡＮ）を使って、まばたきが生じたタイミングを映像を見ながら手作業で正確に記録しました。

ただし、映像のどのコマからまばたきが始まったとするかは主観が入り込みやすいので、「まぶたが下がる一コマ前からカウントする」と取り決めをして臨みました。一部は私自身でも行って、別々に手作業で特定したデータを調べたところ、七人の客のまばたきが起こったタイミングの一致率は約九四パーセントと高いポイントを示しました。

一人の客のまばたきを記録するのに、だいたい映像の七倍くらいの時間がかかります。トータルで一時間くらいの映像でしたから、一人分でも七時間はかかります。さらに、それが七人分です。大変に地道な作業でした。

勢い込んで作業を始めたものの、大変な時間がかかりそうです。このまま進めていいかどうか確信を持てずにいたとき、こんなことが起こります。

作業の初めのうち、客席の様子を映した映像を見ながら、映像をそのままの速さで流してまばたきのタイミングを記録していました。ところが、作業をしてくれていたメンバーが、「あとからデータを確認してみると、客のまばたきをいくつも見落としてしまっていた」と言うのです。

その部分を見てみると確かに見落としがあります。理由は意外なところにありました。

それは、客のまばたきの記録をしている本人も、噺を聴いていたからです。内容を理解しながら作業を進めるので、そのつもりはないのに、客と同じタイミングで記録者のほうもまばたきをしてしまうのです。結果として見落としのミスが生じます。

まばたきを特定しようとする人のまばたきが、客のまばたきと一致してしまうというのは、なんともおかしな事態ですが、私はこのとき、この方法で「いけそうだ」と直感しました。

というのは、記録者のまばたきも合うくらいなら、噺をきちんと聴いている客はもっと合う（同期する）はずだと考えたからです。

これが吉報だと信じて、最後まで作業を進めました。データをまとめたグラフを描いてみると、予感は的中しました。噺の場面転換の部分などで、まばたきの回数は増えていました。

この結果から、第一の条件、第二の条件を満たしていることが示唆《しさ》されました。つまり、演者や演目によらず、噺の内容に対応して客のまばたきは増えたり、減ったりしていたのです。

## まばたきが指標になる証

一人ひとりのまばたきは、客（実験参加者）の体験過程[参39]を反映したものに過ぎないのですが、集合的に見ると、単なる主観ではなくなります。客のあいだに共通した反応メカニズムがあれば、結果としてまばたきにも疎密のパターンが現れてきます。

話し手の熟達の程度を客のまばたきから客観的に知るためには、前述の第一、第二の条件に加えて、次の二つの条件も満たす必要があります。

第三の条件は、熟達による差を反映しているということです。これは、熟達者とそうでない演者に、同じ内容の噺をしてもらって確かめなければわかりません。

第四の条件は、客の特性ではないということです。客が落語を知っていることで予期が生じ、その結果として瞬目《しゅんもく》（まばたき）パターンが似てきているのではない、ということも保証しなければなりません。

次の実験では、第二章で紹介した柳家三三師の『青菜』と、大学の落語研究会に所属する学生による『青菜』の映像を用いました。噺の筋は共通しているので、内容はだいたい同じです。演者によって客のまばたき同期の程度が異なっているなら、それは熟達差によるものだと考えられます。

厳密には、他の種々の可能性も完全に排除することは難しいので、補足としてまばたきが同期している箇所でどんな表現がなされているかを一つひとつ説明していくという質的な分析を行い、噺の内容と客のまばたきが増減する箇所に対応があることを確かめました。

　この研究の一つの肝は、実験参加者として、落語をほとんど聴いたことがない大学生を対象にしたことです。そうすることで、どちらの映像を見るにしても、落語をあまり知らない、つまり、予備知識に差がない状態にそろえることができます。これにより、客のまばたきの疎密が予備知識によるものではないことを直接的に示すことができました。

　この実験では、三三師の『青菜』では、客のまばたきが同期する頻度も多く、同期したときの疎密の程度（増減の絶対値）も強く現れました。その結果から、客同士のまばたきの同期が熟達による差を反映しているということ、そして、まばたきの疎密が生じるのは客の特性が原因ではないということがわかりました。

　こうして、前提条件は四つとも満たされ、話し手の熟達の程度を客のまばたきから客観的に知ることができるという見立ては、非常にもっともらしいことがわかりました。

　これは、「まばたきを見れば、うまさがわかる」という感覚レベルの話ではありません。きちんと前提条件を確かめ、同じ噺をしてもらい、その比較をしたときにまばたきが熟達の指標になることを示唆しています。四つあった前提条件の一つでも満たされなければ、この主張はできませんでした。

まばたきの同期は、さまざまな演目で起こりうる普遍的な現象であるけれども、熟達した噺家の口演で頻繁に強く見られること、しかもそれは客の予備知識が主たる要因ではなく、噺の内容と整合したタイミングで生じていることが実験によって示されたのです。[参40、41]

この実験結果をまとめた論文「話芸鑑賞時の自発的なまばたきの同期」は、日本認知科学会が発行する『認知科学』（二〇一四年）に掲載されました。

## 落語研究は世界へ

客にとっては主観的な体験[参42]を反映したまばたきですが、複数の客のまばたきが同期するということは客観的な事実です。たとえ私の認識が経年によって変化したとしても、まばたきのデータが書き換わることはありません。

ですから、客のまばたきに注目することで、将来、自分の認識能力が変わってしまったときに、別の結論に至るかもしれないという危機は回避され、本章の冒頭で述べた「認識問題」には一応の決着はつきました。これで十年後、二十年後も安心してまばたきを指標にして比較する実験ができます（次の論文ができあがるのは、少なくとも十年先になりますが非常に楽しみです）。

まばたきの同期に注目する手法では、噺家と客との相互作用については未解決部分を残しています。しかし、少なくとも噺家から客への働きかけによって生じる関係性の一端を捉えることはできました。定性的な研究が支配的だった落語研究が、ライブサイエンスに向けて舵を切るきっかけを作る論文になったと思います。

また、この論文は幸運なことに、認知科学誌に掲載された論文の中から年に一、二本だけ選ばれる論文賞（二〇一四年）を受けました。受賞に至ったのには、いくつかの理由があると思います。認知科学の分野で未開拓な落語を対象にしたこと、実験寄席を催し興味深い現象を発見したこと、そして実証的な研究にしたことが評価されたと考えています。

認知科学が学際的な領域だとはいえ、一つの論文の中で、観察と実験を組み合わせた、いわゆるマルチメソッド（混合研究法）を適用する例は少数派です。多くは、観察を行って仮説を生成するところで終えるか、先行研究に基づいた仮説について実験で検証するかです。

この実験についての最初の論文は、日本語で書くと心に決めていました。それは、研究に協力してくださった多くの方たち、噺家さんやお客さんに気軽に読んでいただきたいと考えたからです。そして翌年からは、海外にも発表することにしました。

落語の文化がなく、見たことも聴いたこともない国外に向けて落語の研究内容を伝えるのは至難の業です。また、日本語にしかない概念を英語で表現しなくてはいけないという難しさもあります。

しかし、まばたきという指標には、認知科学の学問的な意味での妥当性があるというだけではなく、分野外でも、国外でも直感的に納得されやすいという特長があります。

そもそも、人が人前で話すという状況は、授業や講演、大統領の公開討論など、さまざまな文化において一般的なことです。話し方によって、まばたきの頻度に疎密が生じる現象は落語だけにおいてとは思えません。むしろ、落語に限定されると考えるほうが不自然です。

この点を強調した論文を書くことで、英文誌に二本の論文を発表し、英文の書籍の一章分の担当も果たせました。客観的で定量的な指標に帰着させたことで、落語の研究に普遍的な意味を持たせることができたと考えています。人が人前で話すことは人類の文化に普遍的な現象ですから、落語の研究を通して理解が深まっていくこと、落語研究が国際化していくことを期待しています。

## 研究に至らずとも興味深いテーマ

本章は、私の研究を紹介する形でここまで書いてきましたが、いつも研究がうまくいっているわけではありません。研究では、未知の事柄を扱って初めて新規の事実がわかるので、失敗はつきものです。

手を付けてみたものの、単純に結果が出なかったという研究もありますし、種々の要因が重なって実現できなかったという研究もいくつもあります。

計画の時点でボツになった研究の筆頭は、客のまばたきを指標にして横断研究をするというものです。横断研究とは、一時点で複数の協力者を対象にして調べるというやり方です。いろいろな噺家の口演を聴いている客のまばたきを調べて、どの噺家が多くのまばたきを獲得するかを調べようとも考えたのですが、このようなやり方は角が立ちます。噺家さんからは「客のまばたきなんざ変えようとしてやっちゃいないのに、わけのわからないことを」と、反発されるのは必定でしょう。

仮に、客のまばたきの疎密から熟達の程度がわかるとしても、この手法を研究に適用するには、さまざまな前提条件をそろえる必要があります。それなしにこの研究手法を適用しようとすれば、「誰それはうまい、客のまばたきに疎密ができるから」などと短絡的に興味本位で受け止められてしまうことは容易に想像できます。

というわけで、横断研究は常識的な判断からボツにしました。

断念した研究はほかにもあります。「噺を誰から教わったのか」に着目した研究です。

少し前に、数学者の師弟関係の系譜を綿密に調べた研究結果が公表されました。[18] それによると、今日の数学に至る系譜として二十四の派閥（family）があったことがわかっています。これは、博士論文の指導者と学生の関係から割り出されたものです。

落語の師弟関係の系譜も同様に興味深いものです。

落語には伝統的な徒弟制度があり、特殊な形態で運用されています。師匠から噺を教わることはもちろんありますが、それもほとんどは最初のいくつかの噺だけだと言います。それ以降に覚える噺は、他の噺家、しかも、流派を超えて教わることが許容されています。こうした「教える―教わる」に特化した関係は、工芸はもちろん、芸術やスポーツの世界を広く観察しても、非常に珍しいものです。

この交流は、噺がどのようなネットワークで伝承されて残ってきたのかという観点か

---

（18） “Majority of mathematicians hail from just 24 scientific ‘families’: Evolution of mathematics traced using unusually comprehensive genealogy database.” *Nature* 537, 20–21, 2016. doi: 10.1038/nature.2016.20491.

ら、非常に興味深いものです。また、落語では口伝《くでん》が残っているので、過去のネットワークを百年単位でさかのぼることもできそうです。

落語が数百年にわたって続いてきたことには、こうした柔軟な「教える―教わる」という関係性が関与しているのではないでしょうか。派閥を超えて噺が交換されて伝承される場合には、そうではない場合に比べ、何世代にもわたって話が継承される確率が高くなると予想しています。

同じ師弟制度でも落語とは対照的に、一子相伝《いっしそうでん》をかたくなに守る場合があります。こうした関係では、結果として、現在に伝承されることなく消滅してしまった芸能や武芸が多くあります。今の世は少子化が急速に進んでいて、希少な名字が次々と消えていますが、芸能でも師匠から弟子一人にしか伝えられない場合には、これと同じことが生じます。

もし、百年後の落語のことを見据えるなら、記録が残せるいまのうちにアーカイブを作ったほうがいいと思えてなりません。しかしそれは伝統のある落語界のこと、研究者にとって興味深いという理由だけでは実現できそうにありません。

こうした研究は、噺家や寄席関係者、客など、落語をめぐる世論が形成されて初めて実現できます。言うまでもなく、客観的事実を扱うのが「研究」です。もちろんそれを目指してはいますが、実のところ、研究は人間の営みですから、研究に関与する人間同士の関わり合いが、その方向性を決めています。

## 落語研究者の役割

私は現在、人のまばたき（自発性瞬目）の数理モデルを作って落語研究を続けています。また、観客の笑い声の相互作用を数理モデル化し、笑い声の伝播《でんぱ》パターンや爆笑に至る条件も調べています。

数理モデルとは、複数の要素の関係を数式にしたものです。瞬目モデルでは、微分方程式を用いて一つ前の状態が次の状態にどのように変わるのかを表します。前後の状態を関係づけた力学系（dynamical system）が時間に沿ってどのように発展するかを調べます。

数理モデルを用いた研究のきっかけは、複数の客を対象に、噺家の口演を共通の入力として与えたときの集合的な振る舞いを調べたいと考えたことです。

自前の実験寄席を催せばよいのですが、多くのお客さんに集まってもらう会を頻繁に行うのは、研究者一人の手に余ることです。私が寄席や落語会に出向いて測定できればそれが一番なのですが、実現には至っていません。

その点、数理モデルであれば、コンピューター上に寄席を再現し、種々の条件を変えながら、まばたき同期や爆笑といった観客の集合的行動に何が最も影響するのかを調べることができます。

寄席には、照明や音響の効果、客の性別や年齢など、多種多様な要因が関与していますが、数理モデルによる検討では、思い切って細部は捨象《しゃしょう》してしまいます。「噺家―客」関係のみを純粋に抽出するためです。数理モデルは、個別具体的な事例にとらわれすぎず、本質的なことに迫るための一つの方法だと考えています。

この研究は、これまで紹介してきた研究とはつながりがないように見えますが、そうではありません。アプローチが異なるだけで、私が最初に立てた「噺家はどのようにうまくなっていくのか」という問いの答えを探索した結果、たどりついたアプローチです。

具体的には、噺家からの口演が共通入力として与えられたとき、観客同士で瞬目が「同期する／同期しない」という反応パターンの分岐点[参43、44]がどこにあるのかを調べています。

この研究によって新たな指標を見つけることができれば、それによって寄席での現象が説明できるかどうか、見ていくことになります。

研究者には、研究者としての役割があると考えています。私自身の「噺家はどのようにうまくなっていくのか」という問いは、研究者としての立場から発せられた問いです。しかし考えてみれば、これは噺家が抱く問いに似ています。噺家自身、上達の方法を日々考えて実践しているからです。

もちろん、双方のアプローチは厳然と異なっています。研究者は噺家の熟達化を噺家がたどった道筋を第三者的に調べるのに対し、噺家は自分の身を投じて当事者としてその可能性を探索しています。

噺家自身による探索は、文脈に身を投じて問うているのですから、研究者とは比べものにならない細やかさで答えを得られるでしょう。当然ながら、この噺家自身の探索が熟達化の中核としてあります。

それを承知のうえで、研究者にふさわしい役割があります。当事者によるそうした高精細な体験の集合体を客観的に整理するということです。噺家の熟達化過程に普遍性があるかどうかを検証し、客観的にも理解できるように記述することです。

より具体的には、噺家に変化が生じたとき、それを駆動する力は何なのかを追究することと、そして、そうした熟達を支える根本要因とは何かを解明していくことです。その目的のために研究者は、客観的なデータを使ってできるだけ妥当な記述を行います。

こうした研究者の仕事は、噺家の参考にはならないかもしれませんが、普遍性がありま す。経験を通してエキスパートになるという現象は人間固有のものです。先にも述べましたが、熟達を追究することは、「人間とは何か」という問いへの答えを探すことでもあります。
次章ではこのことを踏まえ、落語研究の意味と汎用性について考えます。

# 第四章　「落語学」という企て

## 落語研究の種をまく

名人と呼ばれる噺家《はなしか》は、多くの客の心をつかみ、時に笑わせ、時に泣かせます。会場の広さに比べればごく小さな高座の上で、一人で話したり動いたりしているだけなのに、数十人、数百人、あるいは千人という客が、一斉に心を動かされるのが落語です。

非常に小さな入力が、それに比してあまりに大きな出力になって返ってくる落語のダイナミクスは、驚くほかありません。

私は、二〇一三年七月、上野の鈴本《すずもと》演芸場で金馬《きんば》師匠（四代目三遊亭《さんゆうてい》金馬）の口演を聴きました。ご本人によれば、芸歴七十二年とのこと。その日の演目は『紺屋高尾《こん(う)やたかお》』でしたが、それを聴いた私は、「なんだかもう、すごい」という小学生のような感想を言うのがやっとでした。落語を聴いているだけなのに、噺家の生きざまにまで触れているような気がしたからです。

落語を研究対象にしていると、現場のリアリティを大事にしようとするあまり、研究にならないことがしばしばあります。実験室の実験は、リアルな落語の現象を捉《とら》えるにはしばしば厳しすぎる制限になります。

このとき、研究者が選べる道は二つあります。

一つは、実践にあるリアリティを少々損なうものの、実証の枠組みに嵌《は》まることを研究する道です。実験できるものだけを「当面は」扱うことにするという立場です。これは、よきにつけ悪しきにつけ、実験研究の文脈という新たなリアリティを生み出します。

よい点は、同じ手続きで同じ結果が得られることを志向するので、再現性のある結果が得られるかもしれないということです。加えて、統計解析によって、効果の大きさをさまざまな条件で比較検討できるというのも大きなメリットです。

こうした利点の一方で、実験を基準に考えてしまうと、ふとしたきっかけで現実とはかけ離れた「実験室のリアル」を追求してしまうリスクがあります。とくに、研究室で作業をすることが多い研究者は、実践のリアリティより実験のリアリティが先に立ってしまっていることに無自覚になってしまうものです。研究対象があたかも実験室で完結しているかのような錯覚を覚えてしまうのです。それに加えて、研究者は虚勢を張って、わかっていること以上のことを述べたい願望にかられることがよくあります。

もう一つには、実証主義という制約を外してしまう道がありますが、そこでの主張は、妄言綺語《もうげんきご》に属するものとなります。

ここまで述べてきたように、私は「噺家はどのようにうまくなっていくのか」という問いを立てました。いまもこの問いを中心に据えて研究を続けていますが、いまだ道半ばです。

噺家の熟達に関してこれまで、芸談やその分析から、少しずつヒントが得られつつありますが、熟達に関与する要因の同定と変化の過程については、まだ誰も実証的には確かめることができていません。残念ながら、現時点では、実証主義の枠組みから噺家の熟達化過程について議論できることは非常に限られています。

ですから、本章で述べることは、現時点では妄言綺語の類にすぎません。それでも私が述べようとするのは、落語研究の種をまくことができると考えるからです。

私のほかに落語の研究者が新たに現れて、「こんなことがまだわかっていないのか」と知ってもらえれば、研究者冥利《みょうり》に尽きます。

## 名人の芸談で核となっていた単語

噺家がうまくなるメカニズムについて、私たちはほとんど何も知りません。

落語ファンなら、「噺家というのは、師匠に弟子入りをして、前座修業に励むものだよ」と教えてくださるかもしれません。しかし、伝統的な徒弟制は、あくまで制度上のことであって、それだけでは、一人ひとりの噺家が「どのようにうまくなるのか」については何も説明してはくれません。

あるいは「芸談を読めばわかる」とおっしゃるかもしれません。そのとおりで、優れた自伝(19)を読むと、あたかも本人がしゃべっているかのように感じられて、名人と呼ばれた噺家たちがとても身近に感じられます。

芸談は、確かに噺家をありありと描き出すものです。私の手元にある芸談としては、四代目柳家《やなぎや》小《こ》さんの話を安藤鶴夫《あんどうつるお》が聞き書きした[参45]『落語鑑賞 普及版』（創元社、一九五四年）が最も古いものです。

当時の時代の雰囲気があふれているその本には、次のようなことが書かれています。

> 四代目小さんが師匠との思い出を語るには、昔は道すがら師匠の芸の話を聞けたものだが、陸蒸気《おかじょうき》（蒸気機関車）が走るようになって聞けなくなってしまった。

こうした言葉には、噺家の哲学や思想が反映されているので、熟達の一側面に触れるよ

(19) 古今亭志《ここんていし》ん生《しょう》『びんぼう自慢』（立風書房、一九八一年）や六代目三遊亭圓生《さんゆうていえんしょう》『寄席育ち』（青蛙房、一九九九年）

い機会です。ただ、どのような優れた芸談も、その時代を色濃く反映するものだけに、時代が移り変わるとどうしても何を指して言っているのかがわからなくなります。同じ時代を生きていなければ、そしてまたその師匠の口演を聴いたことがなければ、理解が及ばず、勝手な想像しかできないということです。

しかも、そういった細かなニュアンスこそ、芸談を読んで納得できる肝となるところなので、後の時代を生きる私としては、うまくすくい取れずに困ってしまいました。

そうした課題を乗り越えるために、通常とは別のアプローチで、芸談から噺家の考え方に迫ってみようと試みたことがあります。名人と呼ばれた噺家には、落語についての共通した捉え方（落語観）はあるのか、もしそれが存在するとしたらその中核的な概念は何なのか、調べることにしました。

インタビューなどを分析対象にするときには、エピソードを抜き出して分析するのですが、芸談はそれ自体がエピソードであるという性質があります。したがって、そこからさらに抽出するとなると、内容に偏《かたよ》りが出る可能性があります。さらに気を付けなければならないのは、重要なものを選ぶ基準に研究者の主観が影響してしまうリスクが高いということです。

こうしたリスクを避けるため、発言の中に出てくる単語同士の関係に注目しました。たとえば、もし名人たちの思想の中で、落語の「芸」と「笑い」が深く関連しているのであれば、「芸」と「笑い」を同時に含んだ文章が数多く現れるはずです。

人は自分が知らないこと、自分とは関係のないことを話せないので、芸談にはその人の考えが反映されます。そこで、単語の共起関係[参46]に基づいて名人の頭の中にある概念地図を描こうと試みました。

「共起」とは、複数の言語フレーズが同一の文や発語に現れることです。たとえば「私は落語が好きだ」という文章なら、「私」と「落語」が共起していますし、「落語」と「好き」が共起しています。もちろん、「好き」と「私」も共起しています。ほかにもたくさんの文章に潜む共起関係に着目することで、「私」と「落語」といった単語が互いにどのように概念化されているのか、そのつながりが判明するのです。

まず、芸談の文章を単語に分解し、自然言語処理（日常的に用いる言語をコンピューターで扱いやすいように変換するなどの処理）を施して、どんな言葉が関連し合っているのかを調べました。

噺家の語りの中には、「芸」「師匠」など、芸について言及している中核となる言葉もあれば、「思う」「する」といった、周辺的な語もあります。一つのアイディアとして、中核的な語は、「芸」や「噺家」といった語とその他の語（概念）を結びつけているはずだと考えました。そして、結びつける機能の強さを単語ごとに判定しました。判定には、芸談の中で語と語をつなぐ頻度を表す「媒介中心性[参47]」という統計指標を用いました。

対象にした芸談は、四代目柳家小さん（聞き手・安藤鶴夫『落語鑑賞』苦楽社、一九四九年）、八代目桂文楽《かつらぶんらく》（聞き手・暉峻康隆《てるおかやすたか》『落語芸談（上）[参48]』三省堂、一九六九年）、そして五代目柳家小さん（聞き手・暉峻康隆『落語芸談（下）[参49]』三省堂、一九六九年）です。

芸談中の単語同士のつながりという客観的な側面にだけ着目して分析した結果、なんと対象とした三人の名人に共通する単語が見出されました。

これは、予想外のことでした。というのも、五代目小さんと八代目文楽では、どんな演出を目指していたのかには違いがあるように私は感じていたからです。

五代目小さん師は滑稽《こっけい》な噺がよく似合いますし、文楽師は江戸らしい噺が映えます。それにもかかわらず、ある単語を媒介にして「芸」や「噺」といった単語が結びついていたのです。

三名人の芸談の中で共通して核となっていたその単語とは、「自分」でした。これは、噺家自身のことを指します。

とくに、教わった噺を自分なりに演出していく噺家自身を指す文脈で多く使われていました。落語では、師匠や先輩落語家に噺を教わったあと、覚えたものを直接見てもらいます。そのうえで上げてもらう（口演の許可を得る）という手順を踏みます。[参50] この意味では、演目の習得は先人を真似《まね》ることから始まります。しかし、真似てばかりではだめで、教わりながらも「自分」なりの演出をしていくのが大事だというのです。これは、芸談のなかで「自分」という言葉が、「工夫」といった語と結びついていたことからもわかります。

落語では、噺の筋は同じでも、その演出の仕方は自由です。それだけに、噺家に与えられる裁量は大きいものがあります。

噺家は、口演しながら演じ方を考え、実際に試し、そして噺を改良していきます。そうした努力や工夫の積み重ねがあるため、何を志向して芸を磨くにしろ、「自分」で考えて工夫していくというエピソードが芸談の語りとして共通していました。

名人たちが「新たに表現を創造することが芸を生む」と考えている様子がうかがえます。

## 師匠から弟子へ継承される「自分」

この研究では、もう一つ重要な結果が得られました。

それは、噺家自身のことを表す「自分」が重要だという考えが師匠から弟子に継承されているという知見です。最も端的に表れたのは、四代目小さん師の言葉で、次のような一文がありました。

誰それに教わった通りやっているとか（中略）このいいわけは成り立ちません。自分が喋《しゃべ》ってやっている以上、どんな噺でも、全部自分が全責任を持つべきもので、どの師匠がこうやっていたなどといういいわけは、自分の芸の拙さを裏書きしているほかのなにものでもありません。

これにほぼ対応する内容として、五代目小さん師は次のように述べています。

自分がしゃべる以上、すべて自分の責任だ。こういうふうに教わりましたから、なんてえいうのはダメだ。だから自分で研究をしなくちゃいけねえ。

五代目小さん師にとって大事な教えとして心に留まったことが示唆《しさ》されます。論文では、ここまでの考察に留めましたが、じつは続きがあります。この考え方は、五代目小さん師の弟子である柳家小三治《こさんじ》師にも引き継がれているようなのです。

小三治師は、自著『落語家論』（ちくま文庫、二〇〇七年）で、こんなふうに述べています。

教わった通りやって一流といわれたり大家といわれた噺家、いや一人前といわれた噺家はどこにもいない。（中略）あの折目正しい文楽師の芸にしてからが、教えたひとからすればメチャクチャに作り変えてしまっている。

芸談の「芸」や「噺」をつなぐ核として「自分」がしばしば現れることは、「教わったから」という言い訳をせず、噺家が「自分」で研究し、工夫をしていくことが、噺家がうまくなるためには欠かせないことを指し示しているように思われます。師弟関係において噺家が熟達するとは、師匠や他の噺家の真似をすること[参51]では決してないということがわかります。

この考え方は、三名人の芸談に共通しており、かつまた弟子にまで継承されています。とすれば、落語界に広くある共通認識だと思われます。

言われてみれば確かにそのとおりです。

この着想は、私の中にぼんやりとありましたが、小三治師の考え[参52]を知り、なるほどと得心しました。

先人に学ぶべきことは、その言葉に表された個々の教えではなく、その背景にあるものの見方や考え方にあります。

小三治師は自著の中でそのことを指して、「セリフや演じる組立てを盗むのは二の次」だと言います。そして、「では、一とは何か?」と問います。

答えは、「演者の生きざまに対する思想や、噺への理解の仕方である。それらを、演じられている噺の裏側から深く汲《く》み取ることである」というものでした。

噺家が熟達する過程で、誰かの芸を盗もうというときには、演じられた表面を写し取れば終わりというものではありません。必ず「自分ならどうする」と、その後で我が身に移し替える作業が待っています。ですから、個別具体的な身体抜きにしては考えられず、実際に「自分」で演じてみなければ教わったことが身になっていません。

たとえば、立川談志《たてかわだんし》師がどんなにおもしろくても、それを真似するのでは、意味がありません。そもそもの身体が、発想が、談志師ではないのです。「こういうふうに教わったから」と演じているうちは、真似のままです。出来の悪い複写以上のものはできません。

要するに、先人たちの表面に現れる演じ方ではなく、それを生み出す思想を知らなければならないのです。

「兄《あに》さんがやってたクスグリはおもしろかったから、自分もやってみよう」では、うまくいかないでしょう。寄席や落語会において、状況がまったく同じということはあり得ないからです。

ならば、表層的な模倣とは対照的に、客を存分に楽しませる方法を探るべきでしょう。もしそこで一貫する生成規則が見つかれば、それが仮説になります。さまざまな状況の中で試すことで、その妥当性が次第に判明していきます[20]。

実践の意味がわかってくると、解釈が生まれ、やがてそれが育ち、思想になります。芸についての考え方は、こうして醸成されていくのです。

芸談のヒントを基《もと》にして、次の研究の方向性が見えてきます。

こうした営みに生きる者を、認知科学や学習科学では「省察《せいさつ》的実践者」と呼びます。ですから、今後私がすべき仕事は、「省察的実践者としての噺家の熟達化過程に見られる、省察的実践者のリアルを描き出すこと」と言い換えることもできるでしょう。

(20)　この過程は、アブダクションによって生み出した仮説を検証する研究者の営みともよく似ています。哲学での近年の議論でも、妥当性を生活世界における整合性とみなして、「事実そのやり方が環境を動かしていく」という実行可能性の観点から論じられています（エルンスト・フォン・グレザーズフェルド）。

以上のように、芸談は示唆に富みます。芸談には、噺家が意識して言葉として残そうとする思想がちりばめられています。

## 噺家の創造性

噺家の熟達化を見ていくためには、ある噺家が将来どんな噺家になりたいと考えているのかに注意を払うことが欠かせません。一口にうまくなるといっても、それぞれに理想とする噺家像に向けて、日々の実践が行われているはずだからです。

噺家は、落語を口演するとき、表現のありとあらゆることを取り仕切っています。噺家は、噺の筋を作るところ、その演出を考えるところ、そして、それを実際に演じるところを、すべて一人で担っています。これらの役割は、演劇なら一般的に「俳優」「演出家」「劇作家」に分担して受け持たれているものです。

そう考えると、噺家は、いろいろな噺家像を理想として抱くことがありえるでしょう。言い換えれば、噺家はどうなりたいのか、そして、何を大事にするのかによって熟達が向かう先が違うということです。

三遊亭圓丈《えんじょう》師は、著書[参53]（『ろんだいえん』彩流社、二〇〇九年）の中で、噺家を三種類に分けています。アクター、アレンジャー、そして、クリエーターの三つです。

アクターとは、圓丈師の定義では、これまで継承されてきた落語をそのまま演じる人のことで、落語を教わった形で演じることに重きを置いた噺家のことです。先述の演劇に関連づけていえば、「俳優」だけをやる噺家のことです。

アレンジャーとは、圓丈師の定義では、継承されてきた落語に手を加えて演じる人のことで、言葉やクスグリなどの表現を現代に合うようにアレンジする噺家のことです。これまで歴史的に継承されてきた落語にアレンジを加えることで、噺家のオリジナリティーが出てきます。演劇でいえば、「俳優」と「演出家」を兼ね備えた噺家と言えるでしょう。

クリエーターとは、これまた圓丈師の定義によれば、噺を作る人のことです。圓丈師は、おもしろいと評価される噺を作ろうとする表現欲求があるといいます。演劇で言えば、「俳優」「演出家」「劇作家」のすべてを担う噺家です。新しい噺を作るという側面を強調すれば、新作落語の旗手ということになります。

圓丈師は、これらの区分を、単なるカテゴリーではなく、噺家の順序を決めるランクだと考えています。新しい噺の創造をするクリエーターが最上位に位置し、次いでアレンジャー、最下位にアクターが位置づけられるといいます。

この区分は大変に興味深く、整理するための視点を提供するものであると感じました。

ただし、これらの区分をランクとして扱うことには違和感がありました。単純に大なり記号（＞）でつながれる関係にはないと思ったからです。

第一のアクターに関しては、噺家の熟達という点で考えたときにも、確かに少し物足りなさを感じます。

アクターは、教わったとおりに再現することを目指すわけですが、それは叶わぬ夢だからです。噺家も人間ですから、身体や発想が師匠と完全に同じということはあり得ません。どうしたって理想の落語と実際の落語が一致することはありません。

当然の理屈として、先人が築いてきた噺をそのまま演じるというだけでは、先人や師匠以上のものはできません。伝えられたことを演じるというスタンスでは、最終到達地点が決まっている以上、それより先を目指しようがないのです。

少し衝撃的な言い回しを許していただければ、アクターたちが増えると、継承されてきた落語の芸は、やがて途絶えてしまいます。なぜなら、これはあたかも劣化が生じるコピーを作るようなものだからです。

劣化コピーは数世代を経るだけで、著しく劣化します。仮に八割五分を伝承できたとしても、三世代経ると元の六割にまでしか情報は残りません（0.85×0.85×0.85=0.61）。私はこの点を危惧しています。

ですから、噺家は、自分の身体を媒体にして表現する落語を、新たに作っていくことを避けるわけにはいきません。しかし、「一からすべてを作り上げる」という極端な話ではなく、自分の身体にぴったり合うように、教わった噺を自分なりに変えていく必要があるということです。この意味では、私は圓丈師の指摘に賛成です。

ただし、アレンジャーとクリエーターの序列に関しては、少し慎重に考える必要があります。噺を創作すること、つまり、おもしろいと評価される新作落語を作り上げることは、確かに創造的な営みですし、落語の噺を増やしていくという意味では落語界全体にも貢献します。また、クリエーターを志向した噺家が熟達していくのは一筋縄ではいかない反面、この上ない楽しみがあるという圓丈師のご指摘にも共感できます。

しかしなお、噺を作らないで演じ方の工夫を続ける噺家（圓丈師の言い方で言えばアレンジャー）に創造性がないか、オリジナリティーがないかと問うとき、必ずしもそうではないように思うのです。

以前から伝承されてきた噺であっても、登場人物の目的が変われば、その筋は異なってきます（第一章）。状況設定は微妙に変わってきます。登場人物同士の微妙な関係の違いに、噺家の腹を据えた信条が現れてきます。

噺家と客のあいだのメタ・コミュニケーションを楽しむという観点から言えば（第二

章）、そうした違いに気づき、演者の個性を感じることもまた落語の楽しみの一つだろうと思います。

アレンジャーは、先人が数百年にわたって演じられた噺を現代に上演することが、どういうことかを深く考え、自分なりの演じ方を提案しているという意味では、やはり創造的な存在なのだと思います。

## 落語が備える現代性

立川談志師の『現代落語論』（三一新書、一九六五年）という著書を除けば、現代落語という言い方はあまり聞きません。この著書の題名にしても、現代版の落語論という意味だと思われます。つまり、落語論を修飾するために現代という語が使われているように感じます。

では、なぜ古典落語という表現は受け入れられ、現代落語という言い方はあまり使われないのでしょうか。

私が有力だと考える仮説は「落語それ自体が現代性を備えているので、あえて修飾語として現代と付け加える必要がない」というものです。

一般的に、私たちは何か区別する必要があるときに、修飾語を付けます。たとえば、電話はかつて据え置き型でした。なので、携帯できる電話は「携帯電話」と呼ばれています。

もし、電話が携帯用のものだったなら、あえて携帯という言葉をつけることはありませんでした。修飾語をつけることで、通常備わっていない性質について言及し、最初のものとは区別します。

そういう前提に立ってみると、落語がもし現代性を備えているのであれば、あえて現代とつける必要はないことになります。

では、落語の現代性とはどういうことでしょうか。

通常、伝統的な芸能には、伝えなければならない受け継がれるコンセプトがあります。それは、演目と一対一に対応しています。たとえば、歌舞伎の『勧進帳《かんじんちょう》』なら主従関係での心の交流が描かれます。

歌舞伎などの古典芸能は、これを客も期待して観に行っているので、何ら問題はありません。その証拠に、客の方が努力して難しいセリフも調べて、理解しようと努めています。

多くの演目が長い歴史の中で継承されている落語でも、噺ごとに伝えるべきコンセプトはあるでしょうし、それを使命として伝えることを目指している噺家もいます。

けれども、多くの噺家がいるなかで、噺家全員がそれを引き継ぐ必要はありません。落語では、噺家の心の内に新たに伝えたいコンセプトが芽生えたときには、それを表現しても構わないという自由があります。

芸術（アート）の世界では、表現のスタイルよりもコンセプトが重視されるようになった近現代のアートのことを、コンテンポラリーアートと総称しています。この考え方と呼び名を借りてくれば、落語の一部は以前から明らかにコンテンポラリーなものでした。すべてとは言いませんが、噺家の少なくとも一部は、肚に決めた自分の信条を表現するものとして落語を捉えてきました。つまり、自分なりのコンセプトを持ち、噺で表現してきたのです。こうしたことは、先ほど紹介した八代目文楽師、五代目小さん師といった名人たちの芸談にも表れていると、私は感じています。

しかし、昭和になってからは、娯楽の提供者としてよりも、噺家自身の世界の捉え方を表現するために高座に上がっている、と一層強く自覚する噺家が現れるようになりました。

その代表格は、立川談志師でした。これは、一種のアンチ・テーゼでした。本来コンテンポラリーであることが許容されているはずの落語が固定化され、伝えるべきコンセプトが一方向へ縛られていくことへの抵抗だったように思います。

ラディカルな方法ではあったと思いますが、強いインパクトを後世にも残しました。この実績から見れば、談志師の企ては大枠では成功したとみてよいでしょう。

このような強いアンチ・テーゼを送るのには、相応の理由があったはずです。それは、一言でいえば、落語の古典化への危惧です。

昭和の初めごろまでであれば、近所に住むお爺《じい》さんやお婆《ばあ》さんは、その幼少期に共通する原体験として江戸時代の風に触れていた人々です。ですから落語も、古くから受け継がれてきた噺のコンセプトをそのまま演じるだけでも、自然と受け入れられたと推察します。

ただし、そのような状況で無自覚に落語をすると、先人からのコンセプトの受け売りになりがちです。このとき、ある噺とその噺のコンセプトは対をなして、当然そうあるべきだと固定化され、そのとき、落語は古典化しました。

昭和の一時期から、古典落語という呼び方が現れたとも言われています。時期としても、こうした見方に符合します。

この経緯を見ると、落語では、伝えるべきコンセプトを受け継ぐという古典性があったことも事実です。でもそれと同時に、新たにコンセプトを生み出し、表現するという現代性も持ち合わせてきました。

その意味では、そもそも落語は、新たなコンセプトの表現を許容していたのです。噺とコンセプトが対を成して固定してしまったとき、落語は、特定のコンセプトを運ぶという特殊な性質を帯び、在《あ》り方が変質したと捉えられます。こうした落語は、あえて古典落語と呼ばれ、区別される必要がありました。

一般に落語を現代落語とかコンテンポラリー落語と呼ぶ必然性はありません。それは、繰り返しになりますが、落語がそもそも現代性を備えているからです。

## 時代を超えて生きる落語のコンセプト

振り返ってみると、名人たちの多くの名演が知られていますが、これは誰かの受け売りでやっていたわけではありません。自分のコンセプトに合わせて自分（噺家自身）で工夫をしてきました。

そうした落語は、名人たちが生きた時代においては、とびきりコンテンポラリーなものだったのです。

名人たちが強力なコンセプトを有し、それを形にする力を持ち合わせていたがゆえに、そのコンセプトが結晶化された後は、一つの型として現在にも色濃く影響を残しました。

最近、若手の噺家の落語を聴いていて、誰それの演じ方だなと感じることがあります。私には、その若手の噺家が、そうした演じ方の背景にあるコンセプトについてどれだけ自覚的なのかまではわかりません。しかし、その光景に、コンセプトが固定化され、古典落語がいまもリアルタイムに生まれているのが読み取れるように感じます。

私が心配するのは、無自覚な古典落語が、時代とのズレを大きくしていくことです。コンテンポラリーという言葉には、同時代という意味もあります。同じ時代を生きる者たちに共有されているその感覚があってこそ、セリフは息づき、しぐさや表情は観客にまで迫ってきます。

しかし残念ながら、その感性はいつまでも同じであると無闇《むやみ》に信じることはできません。

たとえば、新たなテクノロジーはコミュニケーションの姿を変え、感覚に世代の隔たりを生んできました。一昔前は当たり前にあった、待ち合わせでの劇的なすれ違いは、電話が携帯されるようになった今日には存在しなくなりました。

身の回りのあらゆる家電がネットにつながっている今日では、そう遠くない将来に言葉を交わすことの意味も変わるかもしれません。だからいつの時代であっても、その時代特有の感覚だけで成立した落語は、いずれ時代遅れのものになってしまうことでしょう。圓丈師の言うように、クリエーターは、こうした変化に機敏に対応しながら、その時代の脚本を作り続けていくのでしょう。

そのためには、感性と技術の両面が必要です。ですからクリエーターとしての噺家には、アクターとしての噺家に求められる以上の高い水準の工夫が求められています。その熟達化の過程において噺家は、不可避的に時代の変化の影響を受けて、多様になっていきます。このため、そうした噺家の熟達を記述することはおろか、何か共通する特徴を見つけることさえ容易ではないかもしれません。

コンセプトとその表現方法は、時代とともにあります。噺家がどんな信条を肚に決めるのか、また、それを表現するのにどんな演《や》り方を選ぶのか、それらは時代から独立していることは決してありません。歴史的な大きな趨勢《すうせい》が、その噺家自身の生きざまと混じり合ってできあがるものだと思われます。

そのことは、現実として受け止める必要があるとわかっています。

しかし欲張りな私はいま、直前に述べたこととは逆のことも主張しようとしています。それは、現代にまで通じる古典落語があり得るということです。噺とコンセプトが対を成してしまっても、そのコンセプト自体が普遍的な人の情を備えていることがあり得るということです。

つまり、噺とコンセプトが対を成して、新たなコンセプトが入り込まない古典落語が、いまも昔も存分に人を楽しませることがあり得るのではないか、という主張です。いやどちらかと言えば、そういう願いと言ったほうがよいかもしれません。

時代の変化を眺めれば、確かに現代では、素朴な味わいより強いインパクトが求められてきているようです。また、心の機微より単純明快な喜びや悲しみが好まれるようになってきているように思います。その反面で、昭和の時代ほど、性的なもの、グロテスクなものは、受け入れられなくなってきています。

それでもなお、人間味には通底するところがあるように思えます。人の情に触れることが楽しさを生むのです。

噺を作らずに、演じ方の工夫を続ける噺家は、世間の変化を敏感に察知しながらも、そのうえで、時代は変わっても残り続ける、人の情を表現しようとしているように、私には思えます。

落語の世界に住む愛すべき登場人物たち、つまり、自分の願望に正直に生きる人間を表現することが落語のコンセプトだとしたら、それはいまもそしてこれからも普遍的な楽しさを提供するのではないかということです。

落語ではおなじみの、教わったことを真似してみたいとか、一攫千金《いっかくせんきん》してみたい、いい女にモテたい、ちょっといたずらをしてみたい、といった素直な欲求が、その時代にふさわしい表現として、きちんとアレンジして表現されているなら、客は存分に楽しめる、と私は思うのです。

私は人間くささを感じられる落語が好きです。その偏った見方が、こう考えさせるのかもしれません。もちろん、私の主張がすべての落語に当てはまるわけではないことは、十分承知しています。本書の主張に納得される方も、そうでない方もいらっしゃるでしょう。それでも私が独善的とも思える希望を抱けるのは、落語に懐の深さがあるからです。落語では噺家が新たにコンセプトを抱いても構いません。その裏返しとして、客が楽しむときの落語の解釈だって多様で構いません。してみれば、研究者も特定のコンセプトを持って落語を好きでもよいのではないでしょうか。

人の知性やそれを駆動する感情のシステムは、約一万年前からさほど変わっていないといわれています。これからの一万年でも、自分の願望に正直に生きる人間を表現することをコンセプトにした落語が変わらずあると予想しても、それなりの妥当性はあると思います。

落語には人それぞれの楽しみ方があります。本書では、少し特殊な落語の楽しみ方をご紹介しました。

## 落語研究がもたらすもの

認知科学の研究者として落語を視《み》ると、さまざまな芸能にも類を見ない固有の「噺家―客」の関係が浮かび上がってきました。また、落語には特殊な師弟関係もあります。省察的実践者としての噺家が何を行っているのかを調べることは、今後の課題として残されています。

噺家の熟達が十年、二十年の単位で生じているとしても、日々行っている実践の積み重ねを通して学んでいることは間違いありません。噺家が師匠や先輩噺家から教わった演目に対して、どんな工夫を行っているのかに着目した研究が必要です。

たとえば、噺家が教わった演目を自分のレパートリーとして確立する際に、どんな工夫を凝らしているのかを具体的に調べることはすぐにでもすべきです。

私が行ったインタビューでは、多くの噺家さんから、新しく覚えた演目を実際の客前で五、六回集中的に口演してみて、次第に身体になじんでいくという主旨の回答をいただいています。これが、一般的な方法なのか、それとも、特殊なものなのか、今後インタビューを続け、明らかにしていきたいと考えています。

ほかにも、レパートリーに加わった演目を寄席や落語会で演じる際に、客の反応に合わせて演じ方を変えることができますが、そのメカニズムはまだよくわかっていません。噺家がある演じ方を選ぼうと判断を下すまでに、どんなセンサーを働かせ、何を情報として活用しているのかを調べることが、「落語のうまさ」を知るうえで重要です。

私の一つの仮説は、演者は「演者―観客」の一体感のようなものを〝響感〟しているということです。これは、先述のとおり、「状況を的確に判断して理知的に知るというよりは、肌感覚で感じ取るタイプの知覚」です。

もし、仮説が正しければ、噺家は状況の変化を提示すると、すぐに(〇・五～一・〇秒程度で)応答できるはずです。理知的な判断には、前提条件の検討や予想される複数の結果の比較など、膨大な過程を必要とするため、判断には少なくとも数秒は必要になるからです。こうした反応潜時《はんのうせんじ》に注目した実験もまた今後進めていきたいと考えています。

加えて、第三章で紹介した「演者―観客」の関係性に着目した実証研究は、まだまだ発展の余地があります。まばたきの有用性は認めたとしても、そのうえで、より直接的に演者と客の関係性に迫るためには、今度は逆に客から演者への影響に指標を見つける必要があります。妥当な指標が見つかったときには、私たちが素朴に予想していた以上に、熟達者は客の反応へ細やかに対応をしていることが明らかになってくるかもしれません。

この可能性を信じ、時間に沿って発展する両者の関係性を捉えようとする視点をあきらめず持ち続けることが大事です。

とくに、最後に挙げた「演者—観客」を一つの分析単位として、両者の関係性に着目するという発想は、落語研究を進展させるだけではなく、認知科学をいっそう実り豊かにする可能性を秘めています。

認知科学は、行動主義のアンチ・テーゼとして生まれたという歴史的経緯がありますが、その手法は多くが行動主義の実験パラダイムを引き継いでいます。具体的に言えば、個人に焦点を当てた実験を行っています。実験で使用する刺激は、二〇〇〇年ごろからは美術作品や映画などを用いることも多くなりました。しかし、ほぼすべての研究が相変わらず個人を対象にしています。

分析の単位を「演者—観客」という一つのまとまりで考えるという発想は、このような情勢を一変させる契機になりえます。情報を送る者と情報を受ける者の相互依存的な認知過程を調べるということです。たくさんの情報受信者の反応に基づいて、効果的な送り方が制御できるとしたら、従来の概念をはるかに超えた研究が可能になり、新しい波及効果を生みます。たとえば、相互依存的な効率性に依拠することで、映画などの映像作品も今後インタラクティブなものへ変革を遂げるでしょう。また、ロボット群が災害の現場などで協調して活動する際の行動指針として応用できます。

劇場の認知科学は、人間の知性について深い理解を与えてくれると期待しています。本書では扱いませんでしたが、観客同士の相互作用による反応パターンの創発は、劇場の認知科学を考えるうえで欠かせない視点です。

二〇一五年に発表した研究[21]では、観客同士の相互作用に着目しました。個人を対象にした実験で観測されたまばたき同期の程度を基準にして、同じ内容を落語会で聴いている観客のまばたき同期と比較しました。その結果、落語会のほうがまばたき同期の程度は高いことが明らかになりました。同一の演目の二回分の口演において一貫した結果が得られました。

個人を対象にしても落語会でも内容は同じです。ですから、まばたき同期が高まるのは、時間・空間を共有する観客同士の相互作用が、まばたきが生じるタイミングを高めると解釈するしかありません。

---

(21) Ryota Nomura, Yingzong Liang, and Takeshi Okada. "Interactions among Collective Spectators Facilitate Eyeblink Synchronization." *PLoS ONE*, 10(10), 1–9. 2015.

動物の個体群が相互作用により協調し、同期する現象については、以前から研究されてきています。たとえば、群れを作る魚や編隊を組んで飛ぶ鳥の研究です。ロボットや人工知能の分野でも、とくに二〇一五年ごろから群知能について盛んに研究され始めました。

これらに共通する本質的な特徴は、生物の個体が単純な規則にしたがって行動することで、群れとして集合的な振る舞いが創発するということです。

多くの研究は、自律的な振る舞いをする個体の相互作用による創発という側面を強調しています。このため、落語における演者のような存在、つまり、主導権を持ったエージェントを設定することはまれです。単純化のために、群の振る舞いを方向づけてしまうことは想定していなかったのです。

しかし、落語における噺家の表現という共通の入力を受け取りながら、同時に客同士の相互作用もあるという状況は、効率的で高速な同期を可能にしているかもしれません。この意味でも、演芸場の「演者―観客（群）」のコミュニケーションは、注目に値するものです。

動物の特性を利用した工学としては、猫の舌を模したブラシや昆虫の目を模したカメラなど枚挙にいとまがありません。「人間」という動物の行動を模した通信制御だってあってもいいでしょう。

## 落語に宿る神秘

落語は、噺家がその身一つで演じる芸能です。扇子と手ぬぐいという最小限の道具を使ってはいても舞台装置は必要ではありません。客は想像力を働かせてこの世界に遊びます。

こうした落語は、二重の意味で「人間とは何か」という問いかけに答える状況といえます。

一つには、登場人物が動き回る世界を想像する力の限界についてです。人間には「いま・ここ」の世界を離れる能力がありますが、落語はごくシンプルな材料でどこまで現実と離れて想像が可能なのかについて考えることを可能にします。いろんな演目が客を楽しませている事実を踏まえれば、人間はかなり柔軟に幅広い想像をすることができることがわかります。

もう一つは、人間のコミュニケーションの多層性です。登場人物の世界を楽しむことは、客だけの働きではなく、熟達した噺家の働きがあってできるものです。だから落語は、楽しませようとする噺家と楽しみたいという客が、寄ってたかって拵《こしら》えていくものです。

落語では、演者と客のメタ・コミュニケーションが楽しみの一つであることを指摘しました。これは、客側の立場からは「噺家が一体何を表現したいのか、そして、そのためにどんな方法を選んだのか」を感じる楽しみです。同じとき、噺家は「一体何を表現すべきか、そして、そのためにどんな方法を選べばよいか」を考えながら、数ある語りの方略のレパートリーの中から一つを選び、細かな調整を行って噺を結晶化していきます。

熟達した噺家と見巧者《みごうしゃ》の客は、こうした思惑をおくびにも出さず、当たり前のこととしてこのやりとりをしています。登場人物同士のコミュニケーションを共有しながら、それと並行して演者と客とのあいだのメタ・コミュニケーションがいかにも自然に繰り広げられるのは、実に驚異的な光景です。

両当事者を研究者の立場から見つめる私は、人間の「やわらかな知性」にただ驚き、落語に宿る神秘を探究するという一種無謀な挑戦をやめられずにいます。

落語の研究分野はすぐに思い描けるだけでも、落語学史、落語哲学、噺家論、演目論、落語表現論、落語研究法などが考えられます。

落語は、噺家次第でいかようにも演出することができます。ですから、落語には、映画や音楽というくらいの広がりがあります。落語は演芸の一つというよりは、一つのジャンルです。

それならば映画学や音楽学という学問があるように、落語学もあってよいはずです。私は、いま落語学（Rakugology）を構想しています。

認知科学をはじめとする特定の学問分野で、落語を研究するだけでも、十分に意義があることだと思います。しかしそれらの知見を個別に見るだけでは、落語の実体は、十分に明らかにはできないでしょう。落語は多層で複雑な現象だからです。

研究同士の位置づけを意識しながら、得られた知見を総合する観点から見ることで、より一層理解が深まっていくと思われます。落語学にはまだ定まった形式はありません。

この企みの見通しを少しよくするために、これまでの研究の概観を、終章で付録としてまとめました。

寄席や落語界での主観的体験を頼りにした素朴な落語論を基盤に持ちながらも、それを実証的に（少なくとも適切な議論に基づいて）構築される落語学は、日本発の新しい学問領域になると信じています。

# 終　章　落語は誰がどのように研究してきたか

## 先人の知恵や知見

研究をしていると、朝にひらめいたちょっとしたことが、本当にいいアイディアのような気がして、昼間ずっと楽しくなることがあります。夜にはなんだ当たり前のことだと考え直して、寂しい気持ちになるのもしばしばです。

どんなに素敵に見えるアイディアも、現実の落語に対応していなければ、夜見る夢と同じです。想像したことが実際に起こるのかどうかを確かめるために一番有効な方法は、実験です。

実験の最も基本的な発想は、何かを操作してみて、それに随伴して生じる状況の変化を観察するということです。

もし、操作を加えた事柄がその状況を動かす主要な影響源なら、操作によって状況はがらりと変わるはずです。反対に、操作を加えた事柄が些末《さまつ》なことであったり、周辺的なことであったりしたなら、状況は何も変わらないはずです。

だから実験とは一つのことを試してみては、世界がどう呼応するのかを記述するという楽しみといえます。

落語の研究では、本質的な影響源を捕まえられるかどうかは、落語の現場の肌感覚を生かすセンスにかかっていると私は考えています。

ですから、落語の研究は、ただ落語を愛するだけではなく、落語がどのように創出されているのか、楽しまれているのか、に敏感でなければなりません。そうした感受性が研究をおもしろくしていきます。

そうは言っても、私たちが、落語を動かす主要な影響源を特定したいと思い立ったとき、何も一から考える必要はありません。分野を限定しなければ、落語については数多くの研究があります。そうした研究から、先人の知恵や知見を活用させてもらえばよいのです。

最後の章では、付録として、これまで落語に関してどんな研究がなされてきたかを紹介し、批判的に検討していきます。そのうえで、現代的な研究の余地がどこに残されているのかについても、一言ずつ述べることにしました。

もちろん、これは完全に中立な意見ではありません。私自身の落語観や人間観が反映された研究のあり方です。偏《かたよ》ってはいると思いますが、それでも落語学の構想の第一歩としてあえて書き連ねることにします。

## 落語研究の正統派かつパイオニア

落語研究の中で、これまで最も伝統的な方法は、史学的なアプローチです。すなわち、落語の歴史研究です。

落語がどんな社会背景で、いつごろ生まれてきたのか。そういったことを研究対象にしています。多くの記録や資料から、中心的な人物や時流を変えた出来事について、多角的に記述していくというスタイルです。

文献を挙げていくだけの場合もありますが、ほとんどの場合、研究者独自の視点から解釈が加えられています。他の研究者は、こうした解釈を読み、落語史の解釈を納得して受容したり、そんな解釈はできないと反発したりする過程を楽しんでいます。

落語の祖といわれるのは、安楽庵策伝《あんらくあんさくでん》というお坊さんです。安楽庵策伝が記した『醒睡笑《せいすいしょう》』という書籍には、今も寄席で聴くことができる小咄が収められています。策伝はその影響を現代にも残しています。安楽庵策伝が暮らしたという岐阜県では、今でも策伝の名を冠した策伝大賞という学生落語の全国大会が行われています。

その後、噺家《はなしか》が職業として成立したのは、江戸時代のことだと言われています。江戸の中ごろ、落語中興の祖とよばれる人物が現れます。それが戯作者・狂言師である、中村《なかむら》英祝《ひでのり》です。中村は、歌舞伎の市川団十郎を贔屓《ひいき》にし、自ら烏亭焉馬《うていえんば》と号して、職人たちが話をする落語会を催したと言われています。また、家業から「鑿釿言墨曲尺《のみちょうなごんすみかね》」などと号しました。洒落《しゃれ》た人だったのでしょう。

焉馬が主催した話好きの職人による咄《はなし》の会が刺激する形になって、玄人《くろうと》による噺の会が開かれるようになります。

ここに日本で初めて、職業としての噺家が生まれることになります。歌川国芳《うたがわくによし》が生まれた寛政年間の一七九八年ごろの出来事です。

こうした江戸での落語の歴史については、延広真治《のぶひろしんじ》による『落語はいかにして形成されたか』（平凡社、一九八六年）に詳しく記してあります。

一方、上方でも、ほぼ同時期に、落語の文化が生まれました。

落語が大衆的娯楽になるより前には、「はなし」を生業にするのは、武将のお抱え芸人たちでした。豊臣秀吉に仕えた曾呂利新左衛門《そろりしんざえもん》の名は聞いたことがあるという方も多いのではないでしょうか。

上方落語の祖は、露《つゆ》の五郎兵衛《ごろべえ》と呼ばれる人物です。当時は、「辻噺《つじばなし》」というスタイルで落語を披露していたと言います。これは、道端に立って、噺をするというものです。ストリートミュージシャンならぬ、ストリート噺家でした。

上方落語中興の祖は、初代桂文治《かつらぶんじ》と言われています。寛政十（一七九八）年ごろに噺小屋を造り、落語を上演しました。

ご存じのとおり、この大名跡《だいみょうせき》は今日も続いています。

上方落語の歴史については、前田勇による『上方落語の歴史』（杉本書店、一九五八年）が参考になります。

こうした落語の出自に見られる東西の差は、今日の落語の演出方法にまで影響しているといわれています。

座敷での芸能として始まった江戸落語では、扇子と手ぬぐいだけを使い、噺一本で聴かせることがよしとされる風潮にあります。こうした演出は、素噺《すばなし》と呼ばれ、三味線や鉦《かね》といった楽器での挿入音楽がある音曲噺《おんぎょくばなし》は、江戸落語ではどちらかと言えば例外的です。

一方、上方落語は辻噺から始まっています。道端では、通りを行きかう人に足を止めてもらう必要がありますから、鳴り物道具を入れて、賑やかに演じられます。

上方落語では、見台《けんだい》と呼ばれる小さな台に二本の小拍子《こびょうし》の組み合わせで表現の幅を広げます。小拍子をチョンと打てば、場面転換や時間経過が瞬時に表現されます。

こうした表現が、上方落語のテンポのよさにつながっています。

また、所作が大きくなりがちな上方落語では、見台の前には、膝隠《ひざかく》しと呼ばれる仕切り板が立てられ、足元が見えないように工夫されています。見台や膝隠しは、江戸落語では足を悪くした師匠があぐらをかいて演じるときを除けば、ほぼ用いられることはありません。

江戸でも上方でも、次第に落語用の小屋が作られ、専業の噺家が生まれました。時代的な背景として、町人に演芸を楽しむ余裕が生まれ、娯楽が求められたという事情があったのでしょう。

こうして江戸時代に始まった職業としての落語家の系譜は、今日にいたるまで続いています。落語の歴史研究の世界に誇るべき功績の一つは、こうした噺家の師弟関係の系譜が絶えず残されてきたことです。

師弟関係は、落語だけに限らず、学問や芸術において、重要な役割を果たしてきました。著名な数学家や音楽家の系譜は、資料を基に再構成されています。

それに対して、落語では半ば公式な系譜（系図）が残されています。これは世界的にも非常に珍しいことです。

武家の家系図とは違い、公的な後ろ盾を持たないにもかかわらずこうした記録が残っているのは驚きです。これも、江戸から明治にかけて資料を残した先人の努力があったからでしょう。

私の知る限り、いまのところ噺家の師弟関係について、つっこんだ研究が行われたことはありません。

今後、近年発展してきたネットワーク科学に基づく数理的なアプローチの研究が有望だと私は考えています。数百年に及ぶ落語の師弟関係というデータは大変に貴重ですから、さまざまな発展が期待されます。

なお、残念ながら私自身は、安楽庵策伝や露の五郎兵衛について記された一次資料を一度も見たことはありません。ここに書いた項目はすべて伝聞です。ですから、興味を持った方も、本書の記述からは引用はせず、必ず原典にあたるようにしてください。

## 資料としての速記、音源、映像

明治に入って、速記技術が開発され、書き言葉と話し言葉を一致させようとする機運が急速に高まりました。あなたも歴史の時間に習ったであろう、言文一致運動です。

その時代、日常使っているのと近い形で口演している最も代表的な演芸が落語でした。民衆に親しまれていた歌舞伎や狂言もありましたが、そのセリフは、昔ながらの語彙《ごい》や言い回しを使っていた点で異なっています。

落語は、言文一致運動を実践する急先鋒《きゅうせんぽう》として位置づけられるようになります。そうした時代の潮流もあって、数多くの落語速記本が出版されることになりました。

速記本は、読み物としての役割を果たしました。いまでいえば日々スマートフォンに配信される記事のように、娯楽の一つとして消費されていきました。

加えて、速記本は落語を記録し、後世に継承するアーカイブとしての働きもしていました。明治期に刊行された三遊亭圓朝《さんゆうていえんちょう》の速記本は、その走りであり、かつ、金字塔と言っていいでしょう。

しかしながら、こうした速記本は口演を厳密に活字に起こしたものではなく、紙面の都合で省略されたり、編集者によって改変されたりしていると言われています。こうした経緯については、『円朝全集』（全十三巻、別巻二巻、岩波書店、二〇一二～二〇一六年）に詳しく記載されていますので参照してください。

ここでは、その詳細を追うことが重要なのではありません。落語を研究するために、この種の資料を落語の研究に使うときに必要な注意を述べます。

速記本は、あくまで娯楽や記録のためのものですから、談話資料――逐語的に書き下ろされたテキスト――としての目的は半分以下だったと思われます。

落語を動かす主要な影響源を見たいと考えたとき、紙面の都合から省略されたり、編集の手が加えられたものを研究対象とするのは危険です。それはもう編集者による作品だからです。

同じ意味で、ＣＤ音源やＤＶＤの映像の取り扱いにも注意が必要です。そこには必ず編集作業が入っているからです。しかも、そこで加えられた編集の意図——単純に短くするためなのか、それとも別の効果をねらったのか——を残された音源や映像からでは判断できません。

とくに、映像の場合はその影響が色濃くあります。せっかく上下《かみしも》を振って（首を小さく左右に動かして）、人物区別をしているのに、顔が正面になるように、カット割りされている落語の映像を見たことはないでしょうか。

編集者と感覚が合っていれば、視聴していてもさほど意識されません。しかし、映像のカット割りが自分の感覚と合わないと、気忙《きぜわ》しい人がしきりに立ったり座ったりするような違和感を覚えて、非常に気になってしまいます。

変な編集は入れずに、そのまま落語を見せてほしいと思うのは私だけではないでしょう。

実験のたびに噺家をお招きしては、研究費がかかりすぎるので、映像を使うこともあるでしょう。その場合にも、録画映像を用いた研究には工夫が必要です。

また一方で、少し特殊なものとしては、六代目三遊亭圓生《えんしょう》師が百二十席を超える落語をCDに収めた『圓生百席』があります。

このCDの制作では、圓生師が吹き込むのはもちろん、編集にも立ち会い、圓生師本人が不要な時間を詰めるなどしたそうです。それでも気に入らない場合には、部分的に演じ直してつないだと言います。

おそらく圓生師は、自分の落語の理想形を明確に持っていて、それに少しでも近いものを残したかったのだと思われます。それは、一種の「擾乱《じょうらん》」になる観客がいない静かなスタジオで収録されていることからもわかります。

この時代には、観客とのあいだで噺を創出するというよりも、真打《しんうち》を名乗る者なら、自分の創作した作品としての噺を客に提示することに重きが置かれるという価値観があったと推察できます。

落語研究者としては、制作に当たって、圓生師が一つひとつの編集を指示するとき、どんな意図なのかがわかったらよかったのにと思います。編集の指示は、圓生師が芸を具体的な表現に落とし込むときの、理想と現実の両方に基づいているからです。

もし、そうした記録が詳細に残っていたなら、結果として残された音源以上に、芸についての考え方を知ることができる貴重な資料になったことでしょう。

## 文芸批評の延長として

落語を研究するもう一つのアプローチに、評論を読むという方法があります。

個人が発信の機会を持てるようになったいまでこそ、落語の感想が残るようになりましたが、かつては落語の評論といえば特定の論客がするものでした。

落語評論家だけが発言権を持っていたのは、単純に、発言を活字にするというのが大変な苦労を伴うものだったからです。もちろん、それ以外にも人々の口の端に感想は乗り、口コミとなっていたでしょうが、そうしたものは資料としてはほとんど残っていません。

落語が批評の対象になった当初、落語は美学の観点で論じられていました。

美学とは、単純に物事の美しさを論じるというより、そうした感性がどのように世界を切り取る働きをしているのかを論じたり、芸術作品[参54]がどうしてその作用を引き起こすのかを考える、哲学の一領域です。

落語と美学はすぐには結び付かないように思われるかもしれません。しかし、時代背景を見てみると、落語評論が起こったのも道理だと思われてきます。

そもそも、評論家と呼ばれる人たちが出現したのは、絵画の世界で印象派の画家が現れたことがきっかけになっています。

それまで、輪郭と色で表現されてきた西洋絵画でしたが、一九世紀半ば、筆触《ひっしょく》によって絵を構成する画家が現れるようになりました。ルイ・ルロワという画家は、こうした手法を重用する画家を「印象派」と呼び、それでは絵画にならないと強く非難しました。これをきっかけに生み出された印象派という語も、いつしかネガティブな意味合いは薄れ、そうした表現手法を用いる一派が印象派と呼ばれることになりました。

その一方で、こうした手法で描かれた絵画を見たことがなかった市井の人々は、初めて見る絵画をどのように解釈すればよいか戸惑ったと言います。

そこで、絵画についての専門的な職能を持った人々が、解説を行うようになります。こうした人たちの中で、自分では絵を描かない専業の解説者が出てきます。

これが評論家の始まりです。

こうした流れは、文芸批評として、他の芸術領域にも波及していきます。日本でも、明治期になって文学という枠組みができあがると、時期を同じくして文芸批評も制度としてできあがってきます。

なにせ、落語は言文一致運動の急先鋒でしたから、落語の評論も文芸批評の延長として行われるようになりました。

落語研究会を茶化したマクラで、「きみは圓生派かい？」などと議論していることがネ夕にされたりしますが、この時代、美学の観点から言えば、印象派も圓生派もそう遠い話ではなかったのです。

ごく限られた層によって行われていた落語評論ですが、一九七〇年以降、多くの評論家が百花繚乱《ひゃっかりょうらん》というばかりの勢いで現れ、大変盛んになりました。

その詳細をレビューするのは、残念ながら私の能力を超えています。ですので、そうした仕事は別の専門家に任せて、ここでは評論がいつも直面する課題について指摘するに留めます。

評論がいつも直面する課題とは、批評の内容がどうしても評論家の主観と切り分けることができないということです。

これは何も、主観的な解釈に意味がないと言っているのではありません。主観は、どんなときも新たなアイディアを見つけるために不可欠です。しかしそれでもなお、このように指摘するのは、主観的に見えてくることを支持する根拠がなければ、それは単に絵空事にすぎないということを強調したいからです。

評論家の方々は、細やかな点にまで気づく厳しいまなざしを持って落語を見つめ、正確に記述するぞという矜持《きょうじ》を持って論じていると、私は信じています。もっと直接的な表現で言えば、評論家も信念に誓って適当なことはおっしゃっていないとは思っています。

ただ評論は、自由なスタイルで論じることができるので、ともすれば言い放しになります。そこへ何か根拠があることなのかと問うと、それにどう答えるかは評論家によってまちまちだと感じています。

表現の差を細やかに見取り、その根拠を示している方もいるでしょう。でも、演じる際の真に重要なところは、「感性が頼りだから噺家が自分で気づけ」という、突き放すタイプの評論家も一部ではいるようです。

当然ながら、根拠なしに一方的に論じるばかりだと、噺家とのあいだにわだかまりが生じます。あまり喜ばしいことではないかもしれませんが、昭和の評論家の中には、噺家に大変嫌われていた方もいると言います。

もし、その評論が的を射ていて、「痛いところを突かれた」というのなら、噺家との関係は良好ですし、変な嫌われ方はしません。むしろ噺家は感謝するでしょう。

良い意味での「嫌われる評論家」は、噺家を育てます。噺家のほうでもって、「確かにいまはできていないけれど、いずれ見返してやろう」となるからです。

一方、こんな嫌われ方はどうでしょう。たとえば、「あの人は落語や噺家のことを何もわかっちゃいないのに、自分の考えばかりを押し付ける」と言われるようなタイプです。何か言われた噺家も「あんなやつの法螺話《ほらばなし》は聞くかい」となるでしょう。

これは、落語を研究対象にする私自身にとっても切実な問題です。他人事《ひとごと》のように書きましたが、気を付けなければ、権威を笠《かさ》に着て誰しも同じようなことをしかねません。研究の理屈には十分な根拠があるのか、そして解釈が、現実に起こっている落語や落語の表現とどれくらいかみ合っているかということに注意を払い、いつも健全な疑いの目を忘れずにいたいと考えています。

## 誰が何を演じたかをアーカイブする

寄席でその日の口演の記録をつける根多帳《ねたちょう》は、図版のない歳時記です。噺のラインナップに季節を感じます。

正月には、新玉《あらたま》の新年を慶《よろこ》ぶ『初天神《はつてんじん》』を聴くことができます。

春、『長屋《ながや》の花見《はなみ》』や『やかんなめ』は楽しいものです。

夏、『船徳《ふなとく》』のうわさが聴かれるようになります。

秋、庶民の身でも、『目黒《めぐろ》のさんま』が恋しくなります。

冬、『二番煎じ《にばんせんじ》』の猪鍋《ししなべ》に温かみを感じます。

大みそか、『掛取り《かけとり》』で一年を過ごせたことを感じます。

寄席の根多帳を網羅的に調べ、データベースにすれば、どの時期にどんな噺がされることが多いのかを知ることができます。数十年での傾向のような、寄席の大局的な趨勢《すうせい》を知ることができるかもしれません。時代の記録を目指す、アーカイブ研究としては意義があると思います。

席亭《せきてい》が寄席の興行に噺家を割り当てることは、顔付けと呼ばれています。落語協会や落語芸術協会などの幹部とも相談しながら、噺家の人気や番組としてのバランスを考慮して決められていると考えられています。

考えられています、と言ったのは、その現場を見たことがないからです。興行の業績を左右する大事な会議ですから、部外者が入ることは許されていません。幹部以外の噺家もその場に立ち会うことはありません。

私たちが知ることができるのは、結果的に誰が寄席に顔付けされたのかということだけです。

近年、こうした研究も行われるようになりました。坂部裕美子《さかべゆみこ》氏は、「東京における寄席定席《じょうせき》興行の顔付け傾向分析」と題した論文の中で、誰が寄席に登場しやすいのかを集計しています。また、堀井憲一郎《ほりいけんいちろう》氏［参55］は、どの噺が何回演じられたのかを調査して、『東京かわら版』という落語の情報誌にしばしば掲載しています。

こうした研究に、時代を知る歴史資料という意味づけ以上の価値があるかどうかは、現時点では判断できません。

## 「オチの分類」の難しさ

落語研究の枠組みの中でも、オチの分類がなされてきました。古いものでは、渡邊《わたなべ》均《ひとし》氏による『落語の研究』（駸々堂書店、一九四三年）が挙げられます。

この書籍の中では、オチの種類として、二輪加《にわか》落ち、拍子落ち、仕込み落ち、逆さ落ち、考え落ちなどを挙げています。

二輪加落ちとは、「にわか」で落ちる、つまりセリフのダジャレで落ちるものです。拍子落ちは、芝居の幕切れに拍子がチョンと打たれて終わるように、突如幕切れが来て落ちてしまうという表現方法に注目したものです。

仕込み落ちは、あらかじめ前ふりをしておかないとオチの意味がわからないというものですし、逆さ落ちは、『死《し》ぬなら今《いま》』のように、物語の状況が最後の一言で、がらりと反転してしまうものを指しています。

ここに説明したものだけでも、オチの言語的な側面に注目したものや、噺の構造に着目したものなど、さまざまな観点が混在しています。渡邊均氏の本ではさらに、演じ方や聴き手の主観的な感覚を捉《とら》えたオチの分類なども挙げられています。

こうした呼び名は、噺を記述する特徴的な一面を指しているにすぎません。元はあくまで噺家のあいだの符牒《ふちょう》であり、楽屋で語られているぶんには何も問題はありませんでした。

ただ、研究として行おうとすると、このまま当てはめたのでは問題が生じます。なにしろ、分類の観点が定まっていないのですから、同じ噺がいくつものカテゴリーに分類されてしまう事態が起こります。他の研究者の手によっても、幾度となく噺の分類は行われましたが、そのたびに、少々の体系化が生み出され、数多くの例外が残されました。

これには、歴とした理由があります。それは、落語の演目が系統立って発生したものではないからです。

分類学は、研究が専業になり始めたころ、時代の花形でした。まだ科学が芸術や文学とも未分化な時代においては、生物の分類は画期的な成果を残しました。分類学によって生物の系統樹が作られ、あらゆる生物が共通の祖から進化したというきわめて重要な仮説が生みだされました。

生物学における分類学が大きな成果を上げることができたのは、そもそも生物の世界で、系統発生が十分に確かだったからです。言い換えれば、生物が進化の過程で枝分かれしていったという事実が先にあり、それゆえ分類することにも意味がありました。

しかし、落語の演目に遺伝子はありません。遺伝もしません。演じられるそのたびに、違ったものになります。

ですから、落語のオチを分類しても、はっきりとした成果が得られなかったのです。

## 枝雀師の笑い理論

落語界では、闇雲《やみくも》にオチの分類を続ける先の見えない時代が長く続きました。しかし、あるとき一人の噺家が、こうした状況を一変させました。

それが桂枝雀《かつらしじゃく》師です。枝雀師は、聴き手（客）がどういう形で受け取って快感を得るのかというただ一つの視点からオチが分類できると主張しました。これは、演じる側から言えば、「どの趣向でお客さんに快感を与えるか」という視点です。

枝雀師によれば、落語を聴いている客は、緊張と緩和という二つの状態を取ります。それは、息を詰めるような緊張と息をつくような緩和の状態です。枝雀師一流の表現を用いれば、「グーッが『緊張』でパーッが『緩和』」です。

こうした観客の状態は、落語を聴いている最中にも起こっているのですが、オチで最高潮を迎えます。

わかりやすいのは、謎解《なぞと》きです。『百年目《ひゃくねんめ》』の「もうこら百年目やと思いました」や『わら人形《にんぎょう》』の「釘じゃあきかねぇ。ぬか屋の娘だ」のように、オチの一言で状況が飲み込まれて、その結果として、緊張が緩和するというものです。

また、ドンデンというものもあります。これはどんでん返しのドンデンを取ったものです。いったん話が落ち着くと思って安心したものが、変な状況になってしまうという、その不条理な感覚が快感につながります。『看板《かんばん》のピン』や『茶《ちゃ》の湯《ゆ》』といった話が該当します。

こうしたタイプの基本構造を作るのが、「へん」と「合わせ」です。

「へん」（変）とは、予期、期待からのズレとしておかしな状態が生じることです。落語には、噺の筋がありますから、一つの文脈から逸脱することでこうした状態は作られます。

一方、「合わせ」とは、ふだんは異なる文脈に位置付けられるものが同時に存在することでおかしな状態が生じることです。上方落語に『茶漬《ちゃづ》けえんま』という新作があります。これは、「ワシがえんまじゃ。さっきからこうして茶漬け食べてるところじゃがな」

というセリフで始まります。えんま（閻魔）と言えば、生前の悪事を鏡に映し出し、罪を裁く恐《こわ》いものの代表です。それが日常的な茶漬けと同じ文脈にあるというところにおかしさが生まれます。

枝雀師は、この噺について、緊張と緩和が同時に存在する状況から拵《こしら》えたと述べています。緊張の要素であるえんまと緩和の要素である茶漬けは、それぞれ適した文脈にあるときには、何もおかしいことはないのですが、その二つが合わさることでおかしさが生まれます。

この観点の妥当性は、分類手法の適用可能性の高さからもうかがい知ることができます。枝雀師の書籍の巻末には、二百八十一もの落語や小咄《こばなし》のオチが分類されています。私は、客の体験に基づくオチの分類は卓見だと考えています。

ユーモア研究では、一九八〇年代以降、枝雀師が指摘するのと同様の構造が理論化されています。「へん」に相当するのが不調和（incongruity）[22]です。不調和とは、予期や予想からのズレのことです。ですから、スキーマからのズレやスクリプトからの逸脱という形で創り出すことができることが指摘されています。具体例は、第一章で『千早ふる』の分析として紹介しました。

一方、「合わせ」に相当するのが二元結合（bi-sociation）[23]です。通常は、二つの異なる文脈にあるものが、ある一つの文脈で同時に存在するとき、おもしろさが生まれるという理論です。

不調和解決（incongruity-and-resolution）は、一見すると理解できない不調和が生じたとき、別の解釈の可能性を探すように人を動機づける構造です。そして、不調和の「真の」意味を理解できる別の解釈を見つけたとき、人はおもしろさを感じます。これは一種のアハ（Aha）体験で、枝雀師が言う「謎解き」の構造にほかなりません。

これとは対照的に不調和の残る解決とも言える構造があります。西洋文化のユーモア理

---

(22) ヨーラン・ネルハルトは、十個程度並べてあるおもりを順番に持ってみて、予想外に軽かった場合に、思わず笑ってしまう現象をまじめに研究した不調和論者の筆頭です。また、不調和の現代的な定義はウィリバルド・ルフを参照してください。
G. Nerhardt. "Humor and inclination to laugh: Emotional reactions to stimuli of different divergence from a range of expectancy." *Scandinavian Journal of Psychology*, 11(1), 185-195, 1970.
Willibald Ruch. "Psychology of humor." In Victor Raskin (Ed.), *The Primer of Humor Research*, pp. 17-101 (Chapter 1), 2008.

(23) アーサー・ケストラーは、創造性の観点から、科学的な営みとユーモアとのあいだに共通点を見出しました。その特長の一つが二元結合です。Arthur Koestler. *The Act of Creation*. Hutchinson, 1964.

論ではあまり例は多くありませんが、挙げるとすれば、ナンセンスジョークと言われるジャンルがあります。それは、解決する新しい解釈を一応は理解できるものの、私たちが生きている現実との不整合が残ったままになるもののことです。現実との整合が取れない分、シュールな印象になります。

たとえば、これはエレファントジョークと言われるもので、「象を冷蔵庫に入れる三つの手順は？」という問いに対して答えが、①冷蔵庫を開ける、②象を中に入れる、③冷蔵庫を閉める、というものです。

このジョークを聞いて、「そりゃそうだが、そういうことにはならない（そんなことはできない）」と言ってしまうと、笑いのわからないやつになってしまいます。そのナンセンスをただ笑うのです。

これは、解決を見るかと思いきや最終的におかしなことになって終わるドンデンと似た構造だと考えられます。

このように、枝雀師によって提唱された「オチの微細構造から生じる緊張と緩和[24]」の理論は、ユーモア理論と高い整合性があります。枝雀理論は、オチの分類という分野に静かに革命をもたらしたと私は信じています。

理論の妥当性の高さは、新しいオチを生み出すことができるという点からもわかります。枝雀師は、理論の強みとして、これまで感覚的に生み出されてくるばかりだった落語のネタを再生産できるということを挙げています。

噺家の符牒で、同じような内容の噺が続くことを「つく」と呼び、避けるように配慮しています。たとえば、『出来心《できごころ》』という泥棒の噺が、その日すでに口演されていた場合には、同じく泥棒が出てくる『締《し》め込《こ》み』は「つく」ので、別の演目にするということです。

枝雀師によれば、ネタが「つく」かどうかを噺の内容だけではなく、オチの形態という観点からも判断できるというのです。これにより、寄席のようにいくつかの演目を聴くというときに、バラエティに富んだ噺を客に提供できるというメリットがあります。

---

(24)　ユーモアでも、緊張緩和理論が提唱されています。このとき、価値が入れ替わることを重視する論者や「危険ではない」不調和という認知面の働きを強調する論者がいます。詳しくは、『ユーモア心理学ハンドブック』を参照してください。

## 言語学からのアプローチ

落語研究の比較的新しい方法として、口演された内容をテキストにして、談話分析を行うという言語学からのアプローチがあります。

たとえば、落語の談話構造に着目した言語学的な研究が現れました。

その中に一九九〇年代に野村雅昭《のむらまさあき》氏とその共同研究者で進められた研究があります。ユーモア研究の文脈では、言語学者ヴィクター・ラスキンが、テキストに基づくおかしさがどのように生じるかを、フレーム(25)によって説明できると述べました。この手法を『長屋の花見』に適用した分析が行われました。

また、言語学の伝統的な研究分野である意味論からのアプローチもあります。

そこで、注目されたのは、言語学者ポール・グライス[参56]の会話の公準と呼ばれるものです。宮井捷二《みやいしょうじ》氏は会話の公準に基づく会話の規則違反が笑いを生む(26)という見方を提供し

---

(25) ここでのフレームとは、認知科学者マーヴィン・ミンスキーが提唱したフレームではないという点には、注意が必要です。また、発達心理学者ベイトソンや社会学者ゴフマンのいうフレームでもありません。

(26) 宮井捷二「落語の意味論」『信州大学教養部紀要』16、19-31、一九八二年。例は野村によるもの。

ました。

会話の公準とは、通常の会話が参加者同士の協調によって成り立っているとする理論です。ふだん私たちが会話するときには、「相手に伝わりやすいように話す」という、紳士協定が結ばれているのですが、その協定からの違反によりおかしさが生まれます。

落語では、噺は登場人物同士の会話で展開していきます。ですから、噺のほとんどのおかしさは会話の公準の違反という形で定式化することができます。

以下、会話の公準の違反事例として、落語の会話を紹介していきます。

まず、「明瞭な表現をせよ」の違反である「不明瞭な表現をする」の例です。これは、『道灌《どうかん》』や『つる』で、八五郎が隠居に言うセリフ「泥……なんじゃねえかって」が挙げられます。「泥棒なんじゃねえか」を不明瞭に言うというクスグリです。

次は、「あいまいさを残すな」の違反である「あいまいさを残せ」の例です。これも粗《そ》忽噺《こうばなし》の『粗忽長屋《そこつながや》』や『松曳《まつひ》き』など、事例はたくさんあります。粗忽同士のやりとりには、日常会話に比べあいまいさが残されます。

また、「簡潔に述べよ」の違反例である「冗長に述べる」としては、『寿限無《じゅげむ》』や『たらちね』などそのものを題材にしている噺がいくつもあります。

最後の「話す順序を守れ」の違反例である「順序を違えて話す」の例としては、たとえば『猫《ねこ》の皿《さら》』『馬《うま》のす』や上方落語の『始末《しまつ》の極意《ごくい》』が挙げられます。これらはいずれも、オチになってようやく登場人物の隠していた真意がわかりますが、それは別に取り立てて隠すような事柄ではなかった、というものです。

これらは、現在の落語にも、そして百年後の落語にも通じる重要な指摘です。実際、どんな演目を持ってきても、この方法で分析をすれば、どこにおかしさが生まれているのかを、たちどころに指摘できます。

そういう意味では、会話の公準は欠くことのできない基礎理論だと言えます。多くの演目に適用して、網羅的に見ていくこともできるでしょう。

ただし、私から一つ指摘しておきたいのは、ここでは単純に言語学的な議論がなされており、なぜ登場人物が会話の公準に違反しなければならなかったのかという点が議論から抜け落ちているということです。

粗忽者《そこつもの》を除けば、その理由こそが、噺の味付けになっているということは注目する価値があります。

教わったことを真似《まね》してみたいとか、一攫千金《いっかくせんきん》してみたい、いい女にモテたい、ちょっといたずらをしてみたい、そういう欲求に対して、落語の登場人物たちは、正直に生きています。

こうした思惑を実現するために、落語国の住人たちは会話の公準に違反します。『品川心中《しながわしんじゅう》』や『三枚起請《さんまいきしょう》』の展開を思い出せば、花魁《おいらん》の思惑や廓《くるわ》に通う客の思惑などが交錯して、そのすれ違いがクスグリになっていることがわかります。

こういう人間味があるやりとりだからこそ、落語の会話は、会話の公準に違反していても、やりとり自体が意味不明にはなりません。

落語には、こうした人間らしさを許容する懐の深さがあります。立川談志《たてかわだんし》師が落語を「人間の業《ごう》の肯定」としばしば述べたのも、そういう懐の深さと関係していそうです。ですから、登場人物の動機に着目して、会話の公準（とその違反）を分析すると、落語の落語らしさが見えてきそうです。

## 落語のおかしさを測る

言語学に基づく研究と同時期に、新しい落語研究が生まれ始めました。おかしさ（オカシサ）を測ろうという志向の研究です。

この研究は、二つの点で画期的なものでした。

第一に主成分分析と言われる統計解析が用いられたということです。これは、たとえばバニラアイスの好みというように、通常は客観的な評価が難しい対象を評価・分類するために使われていました。言うなれば、アンケートの精度を科学的な意味で高めたようなものだと考えてください。

こうした事後的なおもしろさの評価に加えて、時系列での評価も行われるようになりました。増山英太郎《ますやまえいたろう》氏らの研究〔参57、58〕では、一事例ではありますが、観客が感じるオカシサの時系列分析がなされています。落語や漫才のオカシサには周期性があるのか否か、周期性があるとすれば、どれくらいのサイクルがあるのかを見ていました。

個人的な感覚としては、二〇二〇年時点では、落語のテンポも漫才のテンポも、この研究がなされたときから比べて、かなり速くなった印象があります。いま同じ研究をすると、笑いのサイクルも速くなっているかもしれません。

私が知る限り、この研究は、落語に対する観客の反応について時系列解析を適用した初めての例です。その意味では、重要な研究として位置づけられます。

じつは、心理学の分野では、感情評定ダイアルの研究はすでにありました。実際に、夫婦の感情の起伏を解析して、数年後の離婚のリスクを予測する研究（！）などが行われています。

私自身も、こうした研究には強く影響を受けました。客が感じたおもしろさの時系列データを得るために、十人の反応を同時に計測する、通称「ユーモアメーター」を製作して実験を行いました。この新開発のユーモアメーターを用いて、落語を聴いているときに客が感じたおもしろさをリアルタイムで測定できるようになりました。

技術の進歩が研究を進めることはよくあります。たとえば、これまでおもしろさの主観的な評価と感情が現れた笑顔の得点はそれほど相関が高くないというのが定説でした。言い換えれば、ユーモアの研究では、主観的評価は、自分自身が感じたおもしろさというよりは、「ほかの人が笑うだろうかという評価を反映している」というのが主流の考え方だったのです。

ですが、私はそうは思いませんでした。相関が低くなるのは、きっとひとしきり笑った後で評価する、その手続きに起因すると考えました。実際、ユーモアメーターを用いて笑顔得点との相関を見たところ、時間情報を含めた場合には、かなり相関が高いことが示されました。

この研究から十年ほどたった現在では、コンピューターを用いた表情の自動認識が手軽にできるようになりました。ですから、ユーモアメーターのダイアルを使わなくても、ある程度の精度で笑顔の程度を評定できます。

お笑い立国を目指しているとうわさに聞く大阪では、二〇一七年にこうした技術を取り入れた研究が産学連携（近畿大学、吉本興業、オムロン、ＮＴＴ西日本）で始まりました。客席に笑顔検出ができるデバイスを埋め込んで、日々寄席での笑いの程度と健康の関係を調べていると言います。

冗談のような本気の研究がまさに進行中です。

# あとがき

落語についてよくご存じの方にとっては、なじみ深い落語について新たな発見があったのではないでしょうか。

本文で述べたように、噺の構造は、すでに知られている人間の認知特性をよく反映したものです。落語がいつの時代にも「おかしさ」を生むのも、当座のスクリプトという特徴的な構造があるからでした。噺家《はなしか》は、多彩な表現によって観客の思考を噺の世界に導き、独特の呼吸でその予期を裏切ることで、おかしさを生み出していきます。

また、噺家と観客の関係論的なオチやマクラの定義は、落語が本質的には遊びのコミュニケーションとして成立していることを示しています。そもそも落語には、人間が群を作る社会的な動物として獲得していった心の理論や共感性が巧みに織り込まれています。ちょっとしたことを笑い合える楽しさや欲に目が眩む人間の弱さも含めて、落語が人間らしさを描くのも、こう考えると必然のように思われてきます。

私はこの数年間はライブサイエンスの旗印の下、落語を対象にした実証研究を進めてきました。落語という複雑な現象は、さまざまな要素が絡み合っており、簡単にはその素顔を見せてはくれません。それでも、私は、落語を視聴する際の身体運動や瞬目《しゅんもく》といった客観的な指標から熟達者の特徴を明らかにしていくことを目指して研究を続けています。

落語をまったく聴いたことがないという方にとっては、むしろ落語を対象にした研究があったこと自体に驚かれたのではないでしょうか。「なんだかおもしろそうだ」と思っていただければ、著者にとってこれ以上の喜びはありません。

本書を読んだあとでは、どうしても理屈や枠組みで考えてしまいそうですが、落語はただ楽しめばよいものです。落語会や寄席に足を運び、噺家の生み出す世界に遊んでみてください。噺を聴くときは、あまり細かいことは気にせず、感性のチャンネルだけは全開で聴いてみることをお勧めします。

二〇二〇年五月現在、新型コロナ感染症の流行により、演芸場をはじめとするすべての劇場が自粛するという、かつて誰も経験したことのない状況に私たちは直面しています。この状況下でも、なんとか楽しませ楽しむ機会を作るために、落語をオンライン配信するなど新しい試みが少しずつ始まってきています。

つい数日前、私もオンライン配信を聴きましたが、客ではなくカメラを前にして落語をするのは、やりにくそうに見えました。ふだんのマクラでは、客席を広く見ている噺家も、客に届いているのかが不安なのでしょう、カメラをじっと見る時間が長くありました。客として画面をじっと見る私は、「やたら目が合うな」と感じるのでした。

客との一体感を響感する（身体感覚として把握する）ことができる落語会とは違い、カメラの向こうにいる客の反応を想像しながらの口演は、熟達者といえども容易ではないようです。せめて観客の反応を可視化したものをプロンプター（演者のために原稿などを表示する装置）で流せればよいのにと思って聴いていました。

こうした急激な環境の変化は、熟達のあり方にも影響しそうです。注意深く見守っていきます。

本書に収められた話題の一部は、すでに研究として発表したものですが、その大半は学術的な研究としては、まだ発表されていません。またこれからも、論文としては日の目を見ないかもしれません。

しかし、論文にならない発見は、価値がないというわけではありません。むしろ、論文にならない気づきの方が、素朴で人間の真理を突くものです。論文には科学的研究という大変厳しい作法があるので、論文にならないことはたくさんあります。その格式ばったところでは語りえない部分に、興味深い秘密が潜んでいます。

落語は人間を描くものですから、むしろそうした語りえない部分こそ、人間の本性につながるものなのです。

そして、本書を読んで、落語に興味を持った将来の落語研究者の方へ。落語の実証研究はまさに揺籃《ようらん》期です。本当にこれから始まると言っていいでしょう。いまなら、あなたはこの道の第一人者として活躍できる可能性が大いにあります。私は研究について議論を歓迎します。まずは、ご連絡ください。詳しい情報は、次のサイトで見ることができます。

http://www.f.waseda.jp/nomuraryota/

それから、どの研究分野でもそうなのですが、研究は批判的に検討することによって発展していきます。ですから、本書の内容に関しても、ご批判があれば、ぜひおっしゃってください。どこに不足があるのか、あるいは、どんなアプローチならもっと落語の本質に迫れるか、ぜひ共に議論しましょう。


本書を書くにあたって、ｄＺＥＲＯの松戸さち子さんに大変にお世話になりました。松戸さち子さんには、ウェブ連載「やわらかな知性～認知科学から視た落語～」の執筆という貴重な機会をいただき、それをベースにして本書が生まれました。本書を書く過程では、幾度となく滞った執筆をサポートして下さり、本書を多くの読者に届けるのにふさわしい形へと導いてくださいました。心より感謝いたします。

一人ひとりの名前を挙げることはできませんが、私が今日に至るまで多くの方にお世話になりました。九州大学、東京大学、東京理科大学でのご指導・ご助言がなければ、落語の研究の可能性を信じてここまで来ることはできませんでした。諸先輩方と研究室の仲間には、一緒に議論し研究の魅力を教えていただいたことにお礼申し上げます。

最後になりますが、実験やインタビューに快く協力してくださった噺家の方々、実験寄席に参加してくださったすべてのお客様、ありがとうございました。

二〇二〇年五月

野村亮太《のむらりょうた》

# 参考文献


[1] William G. Chase and Herbert A. Simon. "Perception in chess." *Cognitive Psychology,* Vol. 4, No. 1, pp. 55–81, 1973.
[2] Dianne D. Horgan and David Morgan. "Chess expertise in children." *Applied Cognitive Psychology*, Vol. 4, No. 2, pp. 109–128, 1990.

[1] とともに，チェスでの記憶に関する研究。初級者の大人よりチェスに熟達した子どものほうが配置を記憶できる。

[3] Ludwig von Bertalanffy. "General System Theory: Foundations, Development, Applications." *Technical Report*, George Braziller, Inc., 1993.

理論生物学者ベルタランフィは，この著作でシステム論的な観点を提唱し，数学だけではなく，工学，心理学，社会学などさまざまな分野に影響を与えた。認知科学もそうした中で，システム論を取り入れてきた。

[4] Masashi Aono, Song-Ju Kim, Masahiko Hara, and Toshinori Munakata. "Amoeba-inspired Tug-of-War algorithms for exploration-exploitation dilemma in extended Bandit Problem." *BioSystems*, Vol. 117, pp. 1–9, 2014.

生物の知性を問題解決に応用した慶應義塾大学青野真士氏らの研究。アメーバがあっちへ行き，こっちへ伸びしているうちに，問題を解いてしまうことに触発されて，不確実な状況下での意思決定問題を解いた。

[5] 中垣俊之『粘菌 その驚くべき知性』PHP サイエンス・ワールド新書，2010 年

脳を持たない粘菌の集合体は，迷路を解いたり，日本の交通網問題を解いたりできる。知能とは何かについて再考させられる内容。この研

究は，2008 年にイグノーベル賞を受賞している。

[6] Alan Baddeley. "Working memory." *Science*, Vol. 255, No. 5044, pp. 556–559, 1992.

1960 年代半ばから続くワーキングメモリー（作業記憶）研究についてのレビュー。ワーキングメモリーは，人間の情報処理に関する代表的な理論。

[7] Donald Eric Broadbent. "The role of auditory localization in attention and memory span." *Journal of Experimental Psychology*, Vol. 47, No. 3, pp. 191–196, 1954.

心理学者ブロードベントによる初期の認知科学研究。人は両耳分離聴が可能であり，何かに対して選択的に注意を向けられることを示した。

[8] 生田久美子（編著），北村勝朗（編著）『わざ言語—感覚の共有を通しての「学び」へ』慶應義塾大学出版会，2011 年

師匠が弟子に教える場の観察から，師匠の体験過程を表す言語「わざ言語」が熟達化でどのような役割を果たすかについて論じている。熟達研究者の必読書。

[9] Philip Nicholas Johnson-Laird. *Mental Models: Towards a Cognitive Science of Language, Inference, and Consciousness*. Harvard University Press, 1983.

認知意味論の急先鋒。同じ現象を何にたとえるかにより，その人の世の中の見方がわかると指摘している。

[10] Rolf A. Zwaan and Gabriel A. Radvansky. "Situation models in language comprehension and memory." *Psychological Bulletin*, Vol. 123, No. 2, pp. 162–185, 1998.

テキスト理解における状況モデルの役割を体系的にレビュー。この論文が発表されたことで，状況モデルが一つの研究分野として確立した。

[11] Stella Vosniadou and William F Brewer. "Mental models of the earth: A study of conceptual change in childhood." *Cognitive Psychology*, Vol. 24, No. 4, pp. 535–585, 1992.

ギリシャの心理学者ヴォズニアドウらによるメンタル・モデル研究。子どもたちは地球が丸いということを学んでも，地面が平らなことから，日常的な体験と科学的知見をうまく統合できない。素朴概念から科学概念への変化について調べた。

[12] Susan Goldin-Meadow, Martha Wagner Alibali, and R. Breckinridge Church. Transitions in Concept Acquisition: Using the Hand to Read the Mind. *Psychological Review*, Vol. 100, No. 2, pp. 279–297, 1993.

アメリカの心理学者による算数概念の理解についての研究。子どもたちは，はじめは言語による説明としぐさの両方が間違っているが，次いでしぐさでは正しい内容を表すようになり，最後に言語による説明としぐさの両方とも正しい内容に至る。

[13] Gabriel A. Radvansky and David E. Copeland. "Working memory and situation model updating." *Memory & Cognition*, Vol. 29, No. 8, pp. 1073–1080, 2001.

状況モデルの各次元が新たな情報に基づいて更新されることを指摘した。その際にワーキングメモリーの影響を受けるという。

[14] 野村亮太「落語の演者が用いる語りの方略は熟達によってどのように異なるか」『笑い学研究』Vol. 12, pp. 121–122, 2005 年

[15] 野村亮太，丸野俊一「落語の演者が用いる語りの方略がおもしろさに与える影響」『笑い学研究』Vol. 13, pp. 13–23, 2006 年

[14] とともに，本書『やわらかな知性』の第一章に対応する学会発表原稿と論文。

[16] Stuart E. Dreyfus and Hubert L. Dreyfus. "A Five-Stage Model of the Mental Activities Involved in Directed Skill Acquisition." *Technical Report*, University of California (Berkeley) Operations Research Center, 1980.

ベナーに紹介されて有名になった，プログラマーの熟達モデル。ビジネス界でも知られている。

[17] Patricia Benner. *From Novice to Expert: Excellence and Power in Clinical Nursing Practice*. Menlo Park, 1984.
「ベナー看護学」で有名。文献［16］の熟達段階モデルに基づいて，看護師の熟達化を論じている。

[18] R. P. ファインマン『ご冗談でしょう、ファインマンさん』上・下，岩波現代文庫，2000 年
物理学者のエッセイ。経路積分など彼の理論は独創的で今日でも教科書に残る。問題に答えることも重要だが，それ以上に問題の定式化を行うことが研究において重要だと教えてくれる。

[19] 桂枝雀『らくご DE 枝雀』ちくま文庫，1993 年
笑いのメカニズムにおける「緊張と緩和」理論とオチの分類学。

[20] Basel Al-Sheikh Hussein. The Sapir-Whorf Hypothesis Today. *Theory and Practice in Language Studies*, Vol. 2, No. 3, pp. 642–646, 2012.
文化によって見え方が変わるというサピア＝ウォーフ仮説の現代的な意味を解説した論文。本書『やわらかな知性』における不調和と名づけることで見え方が変わったというエピソードは，サピア＝ウォーフ仮説を下敷きに書いている。

[21] John D. Bransford and Marcia K. Johnson. “Contextual prerequisites for understanding: Some investigations of comprehension and recall.” *Journal of Verbal Learning and Verbal Behavior*, Vol. 11, No. 6, pp. 717–726, 1972.
「文章の意味はわかるのに，何のことを指しているのかわからない」状況を使って，スキーマの物語理解の上での働きを指摘している。

[22] 松本修『全国アホ・バカ分布考―はるかなる言葉の旅路』太田出版，1993 年

朝日放送の番組『探偵！ナイトスクープ』の企画として，「あほ」と「バカ」の境目がどこなのかを調べ始めたことをきっかけに，日本国内で「あほ」や「バカ」を意味する言葉が数多くあることがわかる。プロデューサーである松本修氏が調査の方法や発表の経緯をまとめたもの。調査結果はその後，言語学の専門家の集まる学会でも発表されることになる。

[23] 川嶋宏彰，スコギンズ リーバイ，松山隆司「漫才の動的構造の分析：間の合った発話タイミング制御を目指して」『ヒューマンインタフェース学会論文誌』Vol. 9, No. 3, pp. 379–390，2007 年

漫才の発話間隔について指摘した論文。発話の重なりは，発話終わりから考えてマイナスになるという見方を示した。

[24] 諏訪正樹（編著），堀浩一（編著）『一人称研究のすすめ―知能研究の新しい潮流』近代科学社，2015 年

実証研究とは別に，熟達の当事者自身が「演じ方での判断」について省察し，その意味を探求していく方法として一人称研究がある。内省への揺り返しが行動主義であり，その揺り返しが認知科学を生んだ。さらに，その揺り返しが一人称研究である。

[25] E. シュレーディンガー，岡小天（訳），鎮目恭夫（訳）『生命とは何か―物理的にみた生細胞』岩波新書，1951 年

原子はどうしてこんなに小さいのか。それは確率的な現象に左右されないため，という物理学者らしい生命観が示されている。観客数は高々 10 〜 1000 程度（中自由度）しかないため，観客間相互作用においては，分子と違って近似という方法が使えない。

[26] レフ・セミョノヴィチ ヴィゴツキー，柴田義松（訳）『思考と言語 新訳版』新読書社，2001 年

ロシアの心理学者ヴィゴツキーによる発達論。言語は道具の一つで，他者とのやりとりをするために発達したと主張。それが次第に内側に取り込まれていき，人間の思考のための道具にもなるという説を唱えている。

[27] 桂米朝『落語と私』文春文庫，1986 年
中学生向けに書かれたもの。非常にわかりやすく落語の芸能としての特徴や鑑賞のポイントについて説明されている。

[28] H. Henrik Ehrsson. "The Experimental Induction of Out-of-Body Experiences." *Science*, Vol. 317, No. 5841, p. 1048, 2007.
[29] Bigna Lenggenhager, Tej Tadi, Thomas Metzinger, and Olaf Blanke. "Video Ergo Sum: Manipulating Bodily Self-Consciousness." *Science*, Vol. 317, No. 5841, pp. 1096–1099, 2007.
[28] とともに，身体の所有感に関する実験の報告。腕など体の一部に関して錯覚が生じることは確かめられていたが，2007 年に身体全体が体から離れている感覚を実験的に作り出すことに成功した。二つの研究グループがそれぞれ独自に開発し，Science の同じ号に掲載された。共感性の「いま・ここ」を離れる体験について実証的な研究の道を開いた。

[30] Simon Baron-Cohen, Alan M. Leslie, Uta Frith, et al. "Does the autistic child have a 'theory of mind'?" *Cognition*, Vol. 21, No. 1, pp. 37–46, 1985.
バロン・コーエンは自閉症に「心の理論（theory of mind)」が関係あると見通した，非常に有名な発達心理学者。心の理論の研究は，心理学の世界で一時大ブームになった。

[31] Marvin Minsky. *The Society of Mind*. Simon and Schuster, 1988.
マサチューセッツ工科大学の天才認知科学者ミンスキーが新たな知能観を表明した著書。ミンスキーは次々と新しい概念を提唱したが，この著書が最も有名でしばしば引用されている。

[32] Mary Sanches. *Falling words: an analysis of a Japanese Rakugo performance*. In Mary Sanches & Ben G. Blount (Eds.), Sociocultural Dimensions of Language Use. 1975.
社会言語学者による落語のコミュニケーションの分析。言語学的に落語という演芸でどんなコミュニケーションが行われているかを検討するなら，まずこれを読むとよい。第 2 版以降は落語を分析した章自

体がバッサリとカットされているので注意。

[33] David P. Ausubel. "The use of advance organizers in the learning and retention of meaningful verbal material." *Journal of Educational Psychology*, Vol. 51, No. 5, pp. 267–272, 1960.
オーズベルは，有意味受容学習を提唱し（意味もわからず単純な反復をするのではなく意味を考えて学ぶこと），その中で先行オーガナイザーという道具を生み出した。これは，理解のためにあらかじめ知識を与える役割を果たす。落語のマクラの仕込みと同じ。

[34] Paul E. Smaldino, Thomas J. Flamson, and Richard McElreath. "The Evolution of Covert Signaling." *Scientific Reports*, Vol. 8, No. 1, pp. 1–10, 2018.
ユーモアそのものが「わかる人にはわかる」という性質を使ってシグナルを伝えるものだった。わからない人には伝わらないことが進化的に有利だったという理論。結果的に，選択的にシグナルを送ることで，批判を避けながら協力を得られるという。

[35] John Brockman. *Curious Minds: How A Child Becomes A Scientist*. Vintage, 2005.
フロー体験を提唱したチクセントミハイや利己的な遺伝子で知られるドーキンスなど，各分野の一流の研究者に，子ども時代のことを書いてもらった，自伝集。研究者のマインドがわかる。

[36] ヴィルヘルム・ディルタイ『ディルタイ全集 第3巻 論理学・心理学論集』法政大学出版局，2003年
ディルタイは，物理学を模倣した心理学の研究法を批判し，生の哲学を提唱した。人間を対象にしたときには，人間ならではの研究方法でなければならないと述べた。生の哲学から派生した，生の科学 science of life は，今日では生物学 biology とほぼ同義になった。

[37] George A Miller. "The magical number seven, plus or minus two: some limits on our capacity for processing information." *Psychological Review,* Vol. 63, No. 2, pp. 81–97, 1956.

当時の研究論文をレビューし，人が一度に短期的に記憶できる単語数が 7 ± 2 個程度であることを示した。タイトルのつけ方がよかったのか，2020 年 5 月現在で 3 万回以上引用されている。

[38] Mihaly Csikszentmihalyi and Isabella Selega Csikszentmihalyi (Eds.). *Optimal Experience: Psychological Studies of Flow in Consciousness*. Cambridge University Press, 1992.
適度な難しさの体験が没入につながる「フロー体験」について論じている。

[39] Eugene T. Gendlin. *Experiencing and the Creation of Meaning: A Philosophical and Psychological Approach to the Subjective*. Northwestern University Press, 1997.
心理臨床の分野でフォーカシングという技法を生んだジェンドリン。その根本には，本人の自覚がないままに進む体験過程があるという人間観を示している。

[40] Patrick A. P. Moran. "The statistical analysis of the Canadian Lynx cycle." *Australian Journal of Zoology*, Vol. 1, No. 3, pp. 291–298, 1953.
カナダオオヤマネコの研究。海に囲まれた二つの島を観察すると，動物の行き来ができないにもかかわらず，個体数の変動が同期することを見出した。これにちなみ，気候変動による同期は広く「Moran 効果」と呼ばれている。この効果は，噺家からの共通入力による観客の同期を説明する。

[41] Zachary F. Mainen and Terrence J. Sejnowski. "Reliability of Spike Timing in Neocortical Neurons." *Science*, Vol. 268, No. 5216, pp. 1503–1506, 1995.
Mainen と Sejnowski が，細胞同士の同期発火は単一神経細胞でも生じることを初めて発見し，Science に掲載された。私が落語での瞬目同期について話したとき，東京大学の増田直紀氏（のちにニューヨーク州立大学）がピンポイントで指摘してくれた論文。

[42] Ernest Keen. *A Primer in Phenomenological Psychology.* University Press of America, 1982.

現象学的心理学の入門書。現象学的心理学は，実験的な方法をとる心理学とは別の哲学を持っている。その人が生きるその世界を中心にとらえていく。小さな女の子がお泊りに行く際に，心変わりして泣き出してしまった事例から，現象学的心理学に迫っている。

[43] Steven Strogatz. *SYNC: The Emerging Science of Spontaneous Order.* Penguin Science U.K. , 2004.

非常にわかりやすい表現で同期現象について説明している。Strogatz 自身の初期の研究の紹介にもなっている。私としては，本書『やわらかな知性』がこの文献のような位置づけになるとうれしい。

[44] 蔵本由紀『非線形科学』集英社新書，2007 年

同期現象の研究者で知らない人はいない大重鎮で，蔵本モデルを提唱した。「相互作用の大きさがある閾値を超えると同期が生じる」という蔵本予想は近年，九州大学の千葉逸人氏により証明され，蔵本定理と呼ばれるようになった。

[45] 安藤鶴夫『落語鑑賞』苦楽社，1949 年

落語好きで，批判好きの評論家・小説家による落語鑑賞の記録。

[46] Thomas K. Landauer and Susan T. Dumais. “A solution to Plato’s Problem: The Latent Semantic Analysis Theory of Acquisition, Induction, and Representation of Knowledge.” *Psychological Review*, Vol. 104, No. 2, pp. 211–240, 1997.

語の共起関係に注目することによって，いろんな事柄の概念を数量的に表した意欲作。プラトン問題（なぜ人の子どもは有限の刺激から無限とも思える発話が可能なのか）に回答を与えるという大変強気な姿勢の論文。方法はおもしろく一時期流行したが，語の関係だけでは，詳細はわからないということに皆が気づき始めて，最近では補足的な分析に使われることが多い。

[47] Linton C. Freeman. “A Set of Measures of Centrality Based on

Betweenness." *Sociometry*, Vol. 40, No. 1, pp. 35–41, 1977.

ネットワークの媒介性（betweenness）に基づく中心性指標を提唱した。グラフを構成するノード（点）やリンク（枝）の重要度を示す中心性指標にはいくつもあるが，媒介中心性もその一つ。あるノードやリンクが複数の部分グラフをつなぐ要衝になっている，つまり，そのルートを通らなければ移動できないほど「中心性が高い」とする。

[48] 暉峻康隆（聞き手），八代目桂文楽，八代目林家正蔵『落語芸談（上）』三省堂，1969 年

[49] 暉峻康隆（聞き手），六代目三遊亭円生，五代目柳家小さん『落語芸談（下）』三省堂，1969 年

[48] とともに，名人による芸談。落語好きで，噺家好きの国文学者が聞き手となった。

[50] 浜美雪『落語 師匠噺』講談社＋α文庫，2015 年

弟子に師匠のことを聞くという，これまでになかった切り口。9 人の落語家が登場する。

[51] 西尾久美子「芸舞妓」『実践知―エキスパートの知性』金井壽宏（編），楠見孝（編），有斐閣，2012 年

芸舞妓を疑似的な家族関係の中でどのように育てるのかについて，フィールドワークを通して丹念に調査。深みのある研究である。

[52] 柳家小三治『落語家論』ちくま文庫，2007 年

若き柳家小三治師が，「民俗芸能を守る会」の会報に連載したエッセイを文庫にまとめたもの。落語に対する向き合い方や表現で気を付けるべきこと，熟達における師弟関係の役割などについて演者の視点から描かれている。

[53] 三遊亭円丈『ろんだいえん―21 世紀落語論』彩流社，2009 年

新作落語を創作し続ける三遊亭円丈師が，なぜ新作にこだわるのかをまとめたもの。噺家にアクター，アレンジャー，クリエーターがいることを指摘した。新作を創作する円丈師の熱意の源がわかる。

[54] 渡辺護『芸術学［改訂版］』東京大学出版会，1983 年
芸術の定義や分類など，芸術を学問として扱うための概念が整理されている。

[55] 堀井憲一郎『落語論』講談社現代新書，2009 年
落語の聴き手として著名なコラムニストによる総説。

[56] Herbert P Grice. “Logic and conversation.” In p. Cole, & J. Morgan (Eds.), *Syntax and Semantics 3: Speech acts*, pp. 41–58. Brill, 1975.
Grice は，会話の公準を提唱した。私たちが一般に望んでいる，相手に正しく伝えるという紳士協定のこと。これに違反するとおかしなことになるというのは，本書の第一章で示したとおり。

[57] 増山英太郎，勝見正彦「お笑い演目のイメージ比較　落語，漫才，ＣＭについて」『人間工学』Vol. 28, No. 1, pp. 37–45, 1992 年
感性工学の専門家が落語も好きで，主成分分析という手法を適用してみたというテイストの研究。

[58] 増山英太郎，勝見正彦「桂枝雀による落ちの 4 分類の実験的検討」『人間工学』Vol. 30, No. 3, pp. 157–164, 1994 年
[57] と同じテイストで，枝雀の理論の 4 分類が質問紙でも再現できるかを調べている。

［著者略歴］
認知科学者、数理生物学者、早稲田大学人間科学学術院准教授。1981年、鹿児島県に生まれる。2008年、九州大学大学院で人間環境学府行動システムを専攻し、期間を短縮して修了。2018年、東京理科大学大学院工学研究科経営工学専攻修了。博士(心理学)、博士（工学)。2020年4月より早稲田大学人間科学学術院にて劇場認知科学ゼミを主宰。大学時代は落語研究会に所属し、研究者となってからは、認知科学の手法で落語を追究しつづけている。
著書に『口下手な人は知らない話し方の極意——認知科学で「話術」を磨く』『プログラミング思考のレッスン——「私」を有能な演算装置にする』（いずれも集英社新書)、共監訳に『ユーモア心理学ハンドブック』（ロッド・A・マーティン著、北大路書房）がある。

# やわらかな知性《ちせい》　認知《にんち》科学《かがく》が挑《いど》む落語《らくご》の神秘《しんぴ》

著者　野村亮太《のむらりょうた》
©2020 Ryota Nomura, Printed in Japan
2020年6月29日　第1刷発行

装丁　鈴木成一デザイン室
装画　マコイ
発行者　松戸さち子
発行所　株式会社dZERO
http://www.dze.ro/
千葉県千葉市若葉区都賀1-2-5-301 〒264-0025
TEL: 043-376-7396 FAX: 043-231-7067
Email: info@dze.ro
本文DTP　株式会社トライ
印刷・製本　モリモト印刷株式会社

落丁本・乱丁本は購入書店を明記の上、小社までお送りください。
送料は小社負担にてお取り替えいたします。
価格はカバーに表示しています。
978-4-907623-29-6